Lesehinweise

Lieber Leserin, lieber Leser,

dieses Rezeptbuch ist zweiteilig aufgebaut. **Im ersten Teil geht es um das Wichtigste: Die Rezepte.** Schnörkellos, direkt, sofort zum Nachkochen – ein klassisches Rezeptbuch eben.

Der zweite Teil enthält Tipps, Tricks und Hinweise rund um den Wok, wie es sich für ein Kochbuch gehören würde – von einigen Anregungen in Sachen selbstgemachte Gewürzmischungen bis hin zum richtigen Einbrennen des Wok.

Im einleitenden Satz habe ich bewusst „Rezeptbuch" statt „Kochbuch" geschrieben. Dies deswegen, weil das Buch ohne Bilder meiner Meinung nach nicht den Titel „Kochbuch" verdient, sondern nur „Rezeptbuch", um keine falschen Erwartungen zu schüren.

Das hat einen ganz praktischen Grund: Den Lesern ein erschwingliches Buch mit guten Rezepten zum möglichst günstigen Preis anzubieten ist nicht einfach. Fotos in Büchern treiben den Buchpreis enorm in die Höhe, sodass sich der aufzurufende Preis teilweise fast verdoppeln würde, gleich ob Auflagendruck oder Print on Demand. Haben Sie sich schon mal gefragt, wie es möglich ist, solch ein Buch unter 10€ inklusive Versand anzubieten?

Dennoch erachte ich den Mehrwert von Abbildungen für begrenzt. Wer bereits einmal versucht hat Rezepte nachzukochen wird schnell merken, dass die meisten Bilder in Kochbüchern nicht das eigentliche Gericht abbilden – sondern nur als Veranschaulichung genutzt werden und eigentlich gar nicht vom Autor stammen, sondern von einer Bilderagentur, die – um es freundlich zu formulieren – mit Hilfsmitteln sehr nachgeholfen hat, dass das Gericht so auf dem Foto aussieht wie es aussieht.

Natürlich ist dies nicht immer der Fall, jedoch bei sehr vielen, sodass der Leser anschließend enttäuscht ist, wenn das nachgekochte Gericht teils gänzlich anders aussieht.

Dieses Buch richtet sich hiermit an alle Leserinnen und Leser, die…

…auf der Suche nach neuen Wokrezepten sind.

…ein wenig Küchenerfahrung mitbringen.

…neue Anregungen suchen.

…schon erste Wokerfahrungen gemacht haben oder zumindest sich mit Pfannengerichten gut auskennen.

Rückmeldungen aus der 1. Ausgabe:

Aus den über vielerlei Kanäle an mich herangetragenen Rückmeldungen zur ersten Ausgabe finden Sie nun vier hauptsächlich eingearbeitete Neuerungen in der 2. Ausgabe:

- Wenn möglich passende, vegetarische Alternativvorschläge für Zutaten.
- Detaillierte Nährwertangaben.
- Erläuternde Infos und teils auch „Trivia" zu den Rezepten.
- Den Teil II für Erläuterungen, Tipps und Anregungen.

Falls Sie Anregungen, Wünsche oder Kritik zur 2. Ausgabe haben, können Sie diese gerne in Form einer Bewertung auf den einschlägigen Plattformen (Hugendubel, Thalia, Weltbild, Amazon und Co.) an mich herantragen.

Bewertungen – auch kritische, sofern sachlich – helfen mir und meiner Arbeit enorm weiter.

Ebenso können Sie mich per persönlicher Nachricht über Lovelybooks (https://www.lovelybooks.de/autor/Mattis-Lundqvist/) kontaktieren.

Viel Spaß beim Nachkochen,

Mattis Lundqvist – April 2018 / Mai 2018

Teil I – Die Rezepte

Die Rezepte sind nach dem Alphabet geordnet. Alle Angaben (Nährwerte, Portionen, Zeitdauer) sind als möglichst alltagstaugliche Durchschnittswerte angegeben. Eine Portion wird als „eine Handvoll der (jeweiligen) Speise" definiert angegeben.

Nun jedoch viel Spaß bei der Lektüre und beim Nachkochen!

Ananas mit Hühnerbrust

Zutaten: 2 EL dunkles Sesamöl, 2 Knoblauchzehen (zerdrückt), 1 kg Hähnchenbrustfilet, 1 Brokkolikopf (entstrunkt), Eine Handvoll Speisepilze (halbiert), 3 mittelgroße Karotten (spiralisiert bzw. dünn geschnitten), 150 g grüne Bohnen (gewürfelt bzw. fein geschnitten), 1 Pak Choi (geschnitten), 3 EL Teriyakisauce, 1 Dose Ananas (500-600 g, natürlich ist auch frische gut)

Zubereitung:

1. 1 EL Öl in einer Pfanne bei mittlerer Hitze erhitzen
2. Den Knoblauch hinzugeben.
3. Die Hähnchenbrustfilets hinzugeben und 4 Minuten beidseitig anbraten.
4. Huhn aus der Pfanne nehmen und in mundgerechte Stücke/Streifen schneiden.
5. Restliches Öl im Wok erhitzen.
6. Gemüse, Ananas und Teriyakisauce hinzugeben.
7. Gemüse kurz scharf anbraten.
8. Nun die Hähnchenbruststreifen hinzugeben und weitere 2-3 Minuten brutzeln lassen.
9. Fertig. Wer mag, kann dazu ein wenig Reis als Sättigungsbeilage servieren.

Bei diesem Gericht arbeiten wir nicht nur mit dem Wok, sondern auch einer handelsüblichen Pfanne auf dem Herd, damit das Hühnchen erstmal „schonend" erhitzt wird. Alternativ kann man auch beide Teilschritte im Wok machen, sollte aber diesen zwischendurch säubern. Vegetarier ersetzen das Hühnchen mit Seitan. Nährwerte (sofern nicht anders angeben) pro Portion.

658 Kalorien | 19,7g Fett | 35,8g Kohlenhydrate | 20g Zucker | 87,4g Eiweiß

Ananas mit Reis

Zutaten: 2 EL Pflanzenöl, Gekochtes Gemüse nach Wahl, 1 Dose Ananasstücke (ca. 500-600 g, oder eben eine frische Ananas), 2 Eier, 2 El Sojasauce, 1 TL Sesamöl, 400 g Reis (gekocht), 1 Prise Salz, 1 Prise Pfeffer, Eine Handvoll Cashewkerne (ca. 70 g), 2 EL Lauch (geschnitten)

Zubereitung:

1. Das Öl im Wok erhitzen
2. Gemüse nach Wahl mitsamt Ananas hinzugeben. Braten, bis das Gemüse schön weich wird.
3. Eier aufschlagen und hinzugeben sowie verrühren.
4. Sojasauce, Reis und Sesamöl hinzugeben.
5. Alles gut durchmengen und erhitzen.
6. Salzen und pfeffern.
7. Mit Nüssen und Lauch garnieren.

Dieses Gericht eignet sich hervorragend, wenn man z.B. vom Vortag noch Reis und/oder Gemüse übrig hat. Durch die Cashewkerne wird die Speise sehr sättigend. Die Nährwertenangaben sind ohne Gemüse nach Wahl berechnet.

426,5 Kalorien | 17,8g Fett | 59,3g Kohlenhydrate | 22,5g Zucker | 9,6g Eiweiß

Ananas mit Schweinelende

Zutaten: 1 Dose Ananasscheiben (ca. 500-600 g), 1 Pfund Schweinelende (in Stücke geschnitten), 2 EL Balsamicoessig, 2 Prisen salz, 2 TL Sojasauce, 1 EL Maisstärke, 3 EL Ketchup, 3 EL Zucker, 1 Prise brauner Zucker, 3 EL Erdnussöl, 3 Knoblauchzehen (zermahlen), 2 mittelgroße Karotten (dünn geschnitten), 3 Frühlingszwiebeln (geschnitten), 200 g (halbiert), Ein wenig Wasser

Zubereitung:

1. Fleischstücke mit einem halben Esslöffel Balsamicoessig und Salz in einer Schüssel vermengen.
2. Restliches Balsamicoessig (1,5 EL) mit Maisstärke, Sojasauce, Ketchup, 80 ml Wasser, Zucker und einer Prise Salz in einer weiteren Schüssel vermengen.
3. 2 EL Erdnussöl im Wok erhitzen.
4. Schweinelende darin zwei Minuten anbraten.
5. Fleisch aus dem Wok nehmen. Zwischenzeitlich die Ananasscheiben auf einem Grill kurz grillen. Die Stücke sind fertig, sobald sie eine leichte, leckere bräunliche Farbe angenommen haben. Aufpassen, dass diese nicht schwarz-verkohlt anbrennen. Geringe Hitze reicht meist, dauert ca. 2-5 Minuten.
6. Öl aus dem Wok entfernen und mit restlichem Erdnussöl den Knoblauch sowie braunen Zucker (mitsamt etwas Salz) eine halbe Minute im Wok erhitzen.
7. Frühlingszwiebeln und Karotten hinzugeben. 2 Minuten mit ein wenig Wasser anbraten.
8. Fleisch und Sojasaucenmixtur (aus Schritt 2) hinzugeben.
9. Gut vermengen. Nach drei Minuten sollte die Sauce eingedickt sein.
10. Mit Ananasstücken servieren. Bei Bedarf Reis als Sättigungsbeilage verwenden.

Dank des hohen Rauchpunktes des Erdnussöles können wir das Fleisch im Wok bei hoher Temperatur scharf anbraten. Wir erhalten eine schöne Kruste und die Lendenstücke bleiben saftig. Mit anderen Ölen braucht die Schweinelende entsprechend länger, da wir die Hitze runterregulieren müssen.

532,8 Kalorien | 23,2g Fett | 42,7g Kohlenhydrate | 31g Zucker | 39,1g Eiweiß

Wenn ihr gegessen und getrunken habt, seid ihr wie neu geboren; seid stärker, mutiger, geschickter zu eurem Geschäft – **Johann Wolfgang von Goethe**

Apfel mit Pak Choi

Zutaten: 2 EL Traubenkernöl, 1 rote Zwiebel (gewürfelt), 200 g grüne Bohnen (geschnitten), 1 rote Paprika (spiralisiert oder hauchdünn geschnitten), 50 g Champignons (halbiert), 3 kleine Pak Choi (geschnitten), 3 Knoblauchzehen (zermahlen), 1 EL Sojasauce, 2 TL Fischsauce, 1 Prise schwarzer Pfeffer, 2 Äpfel (geschnitten)

Zubereitung:

1. Öl in Wok geben. Erhitzen.
2. Zwiebeln und Paprika hinzugeben. 2 Minuten unter ständigem Umrühren sautieren.
3. Pilze und grüne Bohnen hinzugeben. 2 Minuten anbraten.
4. Restliche Zutaten hinzugeben und sautieren, bis der Pak Choi welk wird.
5. Servieren und genießen.

Mit einem Spiralschneider kommt dieses Gericht besonders gut zur Geltung. Die so präparierten Paprikastücke machen optisch richtig was her. Als zusätzliche Garnierung kann man ruhig einen weiteren Apfel nehmen und den roh spiralisiert über das fertige Gericht geben.

209,2 Kalorien | 8,1g Fett | 31,3g Kohlenhydrate | 19,2g Zucker | 9,3g Eiweiß

Auberginen aus dem Wok

4 Portionen – 25 Minuten Zubereitungszeit

Zutaten: 5 mittelgroße Auberginen, 3 EL Erdnussöl, 1 EL dunkles Sesamöl, 1 Prise Salz, 1 Prise Pfeffer, 2 Frühlingszwiebeln (geschnitten), 2 cm Ingwerwurzel (zermahlen), 3 Knoblauchzehen (zermahlen), 1 rote Chili (geschnitten), 120 ml Hühnerbrühe, 3 EL Sojasauce, 1 EL Reisweinessig, 1 EL brauner Zucker, 1 EL Maisstärke, 1 EL geröstete Sesamsamen zur Dekoration, Etwas Basilikum und Lorbeerblätter zur Dekoration

Zubereitung:

1. Auberginen halbieren und in mundgerechte Stücke schneiden.
2. Wok erhitzen, Öl hinzugeben und den Wok damit gleichmäßig einschmieren.
3. Auberginenstücke in das heiße Öl geben. 3 Minuten anbraten.
4. Salzen und pfeffern.
5. Auberginenstücke beiseitestellen.
6. Mit weiteren Auberginenstücken den Vorgang wiederholen, bis alle fertig sind.
7. Anschließend Ingwer, Frühlingszwiebeln, Knoblauch und Chili eine Minute im Wok brutzeln.
8. Hühnerbrühe in den Wok hinzugeben.
9. In einer Schüssel Essig, Sojasauce, Zucker und Maisstärke gut vermengen.
10. Fertige Sojasaucenmischung in den Wok geben und eine Minute erhitzen. Alle Auberginenstücke ebenfalls hinzugeben und gut vermengen.
11. Fertiges Gemisch mit Dekoration servieren und genießen.

Wer es vegetarisch haben möchte, ersetzt die Hühnerbrühe mit einer Gemüsebrühe. Allerdings verändert sich dadurch ein wenig der Geschmack und Kaloriengehalt. Soll es schärfer werden, die Chilischote alleine eine halbe Minute brutzeln lassen und erst dann Ingwer, Frühlingszwiebeln und Knoblauch zugeben.

209,2 Kalorien | 8,1g Fett | 31,3g Kohlenhydrate | 19,2g Zucker | 9,3g Eiweiß

Geselliges Vergnügen, munteres Gespräch muss einem Festmahl die Würze geben – **William Shakespeare**

Auberginen-Spargel-Genuss

5 Portionen – 35 Minuten Zubereitungszeit

Zutaten: 90 ml Olivenöl, 1 mittelgroße Aubergine (gewürfelt), 1 Zwiebel (gewürfelt), 150 g Spargel (in 2 cm große Stücke geschnitten), 6 Chinakohlblätter, Eine Handvoll halbierter Cocktailtomaten (ca. 10 Stück), 1 Prise Oregano, 1 Prise Salbei, 1 Prise Thymian, 1 Prise Salz, 1 Prise Pfeffer, Eine Handvoll Croutons.

Zubereitung:

1. Aubergine und Zwiebel 4 Minuten im heißen Wok sautieren.
2. Spargel und Kohl hinzugeben. 4 weitere Minuten brutzeln.
3. Tomaten, Salbei, Oregano, Salz, Pfeffer und Thymian hinzugeben.
4. Zudecken und 10-15 Minuten auf niedriger Flamme köcheln lassen.
5. Fertige Speise mit Croutons garnieren und servieren.

Lecker zur Spargelzeit. Wenn möglich frischen Spargel verwenden. Bei Dosenspargel ggf. darauf achten, dass nicht zu viel Salz verwendet wurde. Dieses würde den Zutaten sonst beim Kochvorgang unnötig Flüssigkeit entziehen. Wer ein bisschen „Fleisch" zwischen den Zähnen braucht, gibt ein paar Speckwürfel gleich mit dem Kohl (statt Croutons am Schluss) hinzu.

282,7 Kalorien | 22,5g Fett | 18,9g Kohlenhydrate | 7,3g Zucker | 17,6g Eiweiß

Basmatireis mit Shrimps

4 Portionen – 1 Stunde 45 Minuten Zubereitungszeit

Zutaten: 4 Frühlingszwiebeln (fein geschnitten, nur das Weiße), 1 EL Rapsöl, 450 g Basmatireis, 2 Ingwerstücke, Zesten zweier Zitronen (in Stücke geschnitten), Saft einer Zitrone, 1 Prise Salz, 1 TL Schwarze Pfefferkörner, 600 ml Hühnerbrühe

Shrimps: 750 g Shrimps (entdarmt), 1 EL Pfefferkörner, 1 TL Weiße Pfefferkörner, 1 EL Meersalz, 60 g Maisstärke, 4 Frühlingszwiebeln (fein geschnitten, nur das Grüne), 60 ml Rapsöl

Zubereitung:

1. Frühlingszwiebeln (nur das Weiße) im Wok mitsamt Zesten in Öl sautieren.
2. Reis und Ingwer hinzugeben. Drei Minuten sautieren.
3. Salz, Zitronensaft, Pfeffer und Hühnerbrühe hinzugeben. Wok zudecken und alles zum Kochen bringen.
4. Anschließend 15-20 Minuten köcheln lassen.
5. Von der Hitze wegnehmen und 25 Minuten im Wok zugedeckt ruhen lassen.
6. Shrimps in kaltem Salzwasser 20 Minuten einweichen, anschließend abtrocknen.
7. In einer Schüssel Pfefferkörner, Maisstärke und Salz vermengen.
8. Shrimps darin panieren.
9. Den abgekühlten Wokinhalt in eine Schüssel geben. Anschließend mit frischem Öl im Wok die Shrimps kurz eine Minute anbraten.
10. Frühlingszwiebeln (nur das Grüne) hinzugeben und mit den Shrimps 3- 4 Minuten braten.
11. Alles nun miteinander kombinieren und servieren.
12. Genießen.

Da wir bei diesem Gericht Rapsöl verwenden, müssen wir je nach Sorte beim Anbraten der Shrimps aufpassen, nicht zu viel Hitze zu erzeugen. Im Zweifel lieber ein Ticken weniger Hitze, dafür länger im Wok brutzeln lassen. Alternativ bzw. am besten nicht-kaltgepresstes Rapsöl verwenden: Dieses ist deutlich hitzestabiler.

608,5 Kalorien | 23,6g Fett | 47,7g Kohlenhydrate | 0,7g Zucker | 47,5g Eiweiß

Lieber ein bisschen zu gut gegessen als wie zu erbärmlich getrunken – **Wilhelm Busch**

Bavette de Flanchet im Wok

4-6 Portionen – 45 Minuten Zubereitungszeit

Zutaten: 5 EL Sojasauce, 1 EL Maisstärke, 1 Pfund Bauchlappensteak (ohne sichtbare Fettteile), 2 EL trockener Sherry, 2 EL Hoisinsauce, 2 EL Honig, 1 EL Chilisauce, 50 ml Mandarinensaft, 3 EL Canolaöl (oder Rapsöl), 2 EL Ingwer (zermahlen), 3 Frühlingszwiebeln (geschnitten), ¼ Zeste einer Mandarine, 2 EL geröstete Sesamsamen

Zubereitung:

1. Sojasauce und Maisstärke in einer Schüssel vermengen.
2. Fleisch hineinlegen und 20 Minuten im Kühlschrank marinieren lassen.
3. In einer Schüssel Sherry, Honig, Hoisin- und Chilisauce sowie Mandarinensaft verquirlen.
4. Wok erhitzen und Öl hinzugeben.
5. Mariniertes Fleisch und Ingwer hinzugeben. 2-3 Minuten (beidseitig) braten.
6. Sherry-Honig-Sauce hinzugeben und bei mittlerer Hitze weitere zwei Minuten anbraten.
7. Fertig, sobald sich die Sauce eindickt.
8. Mit Frühlingszwiebeln, Sesamsamen und Mandarinenzesten als Topping servieren.

Canolaöl ist einer Rapsölvariante, die sehr hohen Temperaturen standhalten kann – ideal für den Wok. Trotzdem sei darauf hingewiesen: nicht jeder Mensch verträgt Canolaöl gleich gut. Allergische Reaktionen sind im Einzelfall möglich. Im Zweifel lieber gewöhnliches (Raps-)Öl verwenden. Insbesondere wenn Besuch ansteht abklären, ob Lebensmittelunverträglichkeiten bekannt sind.

383 Kalorien | 18g Fett | 16,8g Kohlenhydrate | 12,3g Zucker | 40,2g Eiweiß

Chinesisches Omelette Fu Yung

4 Portionen – 40 Minuten Zubereitungszeit

Zutaten:

Sauce: 250 ml Hühnerbrühe, 2 EL Sojasauce, 2 TL Maisstärke, 2 EL Wasser, 2 TL Sesamöl, 1 Prise Cayennepfeffer

Fu Yung: 120 g Hähnchenbruststreifen, 60 g Bohnensprossen, 50 g Sellerie (geschnitten), 100 g gelbe Zwiebeln (fein geschnitten), 100 g Frühlingszwiebeln (geschnitten), 1 Prise Salz, 1 Prise Cayenne, 6 mittelgroße Eier (aufgeschlagen), 6 EL Pflanzenöl, 1 EL Essenz*

Essenz: 2 TL Paprika, 2 TL Salz, 2 TL Knoblauchpulver, 1 TL Pfeffer, 1 TL Zwiebelpulver, 1 TL schwarzer Pfeffer, 1 TL Oregano, 1 TL Thymian

Zubereitung:

1. **Essenzzutaten** miteinander vermengen. Ggf. überschüssige Essenz luftdicht verpackt im Kühlschrank aufbewahren.
2. **Sauce:** In einer Pfanne die Hühnerbrühe mitsamt Sojasauce erhitzen. Aufkochen lassen.
3. Bei niedriger Flamme anschließend köcheln lassen.
4. Wasser und Maisstärke vermengen. Langsam in die Pfanne geben und einrühren.
5. Öl und Pfeffer hinzugeben. Gut fünf Minuten weiterköcheln. Zugedeckt beiseitestellen, sodass die Wärme erhalten bleibt.
6. **Fu Yung:** In einer Schüssel die Fu Yung-Zutaten vermengen. Das Öl im Wok erhitzen. Fu Yung-Zutaten hinzugeben und ca. 4 Minuten braten.
7. Mit Sauce servieren.

Von diesem Gericht gibt es wahrscheinlich fast so viele Interpretationen wie es Spaghetti-Bolognese-Varianten gibt. Wir kochen hier die amerikanisierte Variante, die von chinesischen Einwanderern in die USA gebracht wurde, da die dafür genutzten Zutaten für uns als Europäer leicht erhältlich sind. Als Anregung sei gegeben, dass man insbesondere bei der Wahl der Sauce durchaus eigene Kreationen ausprobieren kann, z.B. auf Tomatensaucenbasis.

350 Kalorien | 29g Fett | 8,7g Kohlenhydrate | 2,9g Zucker | 21,6g Eiweiß

Post cenam stabis aut passus mille meabis / Nach dem Essen sollst du ruh'n, oder 1000 Schritte tun – **Lateinisches Sprichwort**

Chop Suey

4 Portionen – 40 Minuten Zubereitungszeit

Zutaten: 8 Wantan (Teigtaschen), 2 EL Canolaöl, 1 Prise Salz, 2 Frühlingszwiebeln (hauchdünn geschnitten), 3 Knoblauchzehen, (zermahlen), 400 g Chinakohl (ca. ein halber Kopf, klein geschnitten), Eine Handvoll Sellerie, Eine Dose Bambussprossen (ca. 180 g), 60 g Shiitakepilze, 1 TL Zucker, 250 ml Hühnerbrühe, 1 TL Sojasauce, 2 EL Sesamöl, 1 TL Maisstärke (mit 1 TL Sherry vermengt). 250 g Huhn (gekocht, mundgerecht geschnitten), 450 g brauner Reis (gekocht), 1 EL Sesamsamen (geröstet)

Zubereitung:

1. Ofen auf 180°C vorheizen.
2. Backblech und Wantan mit 2 TL Öl bestreichen.
3. Salzen und 12 Minuten backen.
4. Im Wok 2 EL Canolaöl erhitzen.
5. Frühlingszwiebeln, Kohl, Knoblauch, Bambussprossen, Sellerie und Pilze hinzugeben.
6. 3-4 Minuten anbraten, bis der Kohl schön weich wird.
7. Zucker, Sojasauce und ¾ der Hühnerbrühe mitsamt Sesamöl hinzugeben. Drei Minuten köcheln.
8. Maisstärkemixtur (mit Sherry vermengt) hinzugeben.
9. Huhn mit restlicher Brühe hinzugeben und gut anbraten. Mit braunem Reis servieren und mit Sesamsamen sowie Wantan dekorieren.

Auch bei diesem Gericht gilt: Canolaöl bei Unverträglichkeit lieber mit nicht-kaltgepresstem Rapsöl ersetzen. Eine ungewöhnliche, aber schmackhafte Variante erhält man, wenn man statt Wantan im russischen Geschäft Pelmeniteigtaschen mit Füllung besorgt, diese im Wok anbrät und dafür das Huhn sowie die Backofenschritte weglässt.

564,7 Kalorien | 24,9g Fett | 53,2g Kohlenhydrate | 4,5g Zucker | 32,3g Eiweiß

Einfacher gebratener Brokkoli

4 Portionen – 10 Minuten Zubereitungszeit

Zutaten: Ein Brokkolikopf (klein geschnitten), 2 EL Sojasauce, 1 EL Maisstärke, 1 TL Zucker, Eine Lauchzwiebel (geschnitten), 3 Knoblauchzehen (zermahlen), 1 EL Ingwerpulver, 1 EL rote Paprikaflocken, 1 TL geröstete Sesamsamen, Wasser, Brauner Reis als Beilage (ca. 240 g, gekocht)

Zubereitung:

1. Brokkolistrunk schälen und in kleine Stücke geschnitten zur Seite stellen.
2. In einer Schüssel 100 ml Wasser, Maisstärke, Sojasauce und Zucker vermengen.
3. Wok erhitzen und mit Erdnussöl einschmieren.
4. Sobald das Öl heiß ist, den Brokkoli hinzugeben. Sowohl Röschen als auch Strunk (ohne Schale).
5. Zwei Minuten brutzeln.
6. 2 EL Wasser hinzugeben und den Brokkoli noch zwei weitere Minuten dämpfen lassen. Ggf. mit Dämpfeinsatz arbeiten.
7. Restliches Öl mitsamt Lauchzwiebel, Ingwer, Knoblauch und Paprikaflocken in den Wok geben. 1 Minute anbraten.
8. Sojasaucenmischung hinzugeben und unterrühren. Hitze reduzieren und Sesam hinzugeben. Gut durchmengen und mit Reis als Beilage servieren.

Ein relativ schnelles und einfaches vegetarisches Gericht. Wer keinen Dämpfeinsatz hat braucht nicht verzagen: Dann einfach bei Schritt 6 mit ein wenig mehr Wasser arbeiten und rund 3-4 Minuten köcheln lassen. Wasser abschütten und mit Schritt 7 weitermachen.

154,2 Kalorien | 1,5g Fett | 30,9g Kohlenhydrate | 4g Zucker | 6,9g Eiweiß

Einfaches Lo Mein

4 Portionen – 20 Minuten Zubereitungszeit

Zutaten: 2 EL Pflanzenöl, 300 g Kefe (halbiert), 1 rote Paprikaschote (in Stücke geschnitten), 200 g Champignons (geviertelt), 4 Frühlingszwiebeln (dünn geschnitten), 200 g Bohnensprossen, 3 cm Ingwerwurzel (zermahlen), 4 Knoblauchzehen (zermahlen), 500 g Lo Mein-Nudeln/Chow-Mein (gekocht, alternativ: Dünne Spaghetti), 120 ml Tamari-Sojasauce, 1 EL geröstete Sesamsamen, Ein wenig Hühnerbrustfilet oder ein paar Shrimps (ca. 100 g, geschnitten)

Zubereitung:

1. Wok erhitzen.
2. Öl hinzugeben.
3. Sobald das Öl zu rauchen beginnt, Kefe, Pilze, Paprika, Frühlingszwiebeln und Bohnensprossen hinzugeben.
4. 1 Minute scharf anbraten.
5. Ingwer und Knoblauch hinzugeben. 2 weitere Minuten anbraten.
6. Nudeln hinzugeben und gut vermengen.
7. Sojasauce hinzugeben und gut vermengen.
8. Kurz das Nudelgemisch anbraten (1-2 Minuten) und servieren.
9. Mit geröstetem Sesam beträufeln und genießen.

Auch hier kochen wir die US-Variante, da die Zutaten deutlich leichter zu erhalten sind. Am Einfachsten ist es, wenn man sich im Supermarkt nach „Chow Mein-Nudeln" umsieht – Lo Mein-Nudeln sind im Vergleich kalorienärmer, aber schwerer zu bekommen. Vegetarier nehmen statt Fleisch bzw. Fisch gewürfelten Tofu. Nährwerte mit Hühnchen & Chow Mein-Nudeln berechnet.

625,2 Kalorien | 11,7g Fett | 105g Kohlenhydrate | 7,8g Zucker | 27,6g Eiweiß

Erbsen mit Karotten und gebratenem Reis

4-6 Portionen – 30 Minuten Zubereitungszeit

Zutaten:

Reis: 450 g weißer Reis, 1 Liter Wasser, 1 EL Ingwerpulver, 1 EL Salz

Wok: 3 EL Sesamöl, 4 Frühlingszwiebeln (dünn geschnitten), 1 EL Ingwerpulver, 2 Knoblauchzehen (zermahlen), 100 g Erbsen, 1 mittelgroße Karotte (fein geschnitten), 2 mittelgroße Eier, 3 EL Hoisin-Sauce, 1 Prise Salz, Korianderblätter zur Dekoration

---

Zubereitung:

1. In einem Topf den Reis mit Wasser und Ingwerpulver sowie Salz geben.
2. Zum Kochen bringen, danach mit geschlossenem Deckel 15-20 Minuten köcheln lassen.
3. Anschließend 10 Minuten abkühlen lassen.
4. Öl im Wok erhitzen.
5. Frühlingszwiebeln, Knoblauch und Ingwerpulver eine Minute anbraten.
6. Karotten und Erbsen einrühren; zwei weitere Minuten brutzeln.
7. Fertigen Reis in den Wok geben und alles vermengen.
8. Mit Hoisin-Sauce abschmecken.
9. Servieren und mit Korianderblättern garniert genießen.

Was in der Pfanne schmeckt, kommt im Wok oft noch besser zur Geltung. Wer einen Reiskocher sein Eigen nennt, bereitet den Reis nicht im Topf und später Wok, sondern gleich mit der Tahdiqfunktion/Reiskrustenfunktion im Kocher vor. Nährwerte auf 4 Portionen aufgeteilt berechnet.

326,3 Kalorien | 13,4g Fett | 43g Kohlenhydrate | 5,4g Zucker | 7,8g Eiweiß

Erbsen mit Schweinelende und Edamame

4 Portionen – 45 Minuten Zubereitungszeit

Zutaten:

60 ml Reiswein, 60 ml Orangensaft, 60 ml Sojasauce, 2 EL Reisweinessig, ½ TL rote Paprikaflocken, 60 ml Wasser, 2 EL Canolaöl (alternativ: nicht-kaltgepresstes Rapsöl), 240 g Schweinelende (mundgerecht geschnitten), 3 Knoblauchzehen (zermahlen), 200 g Erbsen, Eine Handvoll Brokkoli (ca. 90 g, geschnitten), 300 g Edamame (mit Schale), 1 TL Maisstärke (in 50 ml Wasser aufgelöst), 1 TL Sesamöl

Zubereitung:

1. Reiswein, Sojasauce, Orangensaft, Paprikaflocken, Reisweinessig und 60 ml Wasser in einer Schüssel vermengen. 1 EL Öl im Wok erhitzen.
2. Fleisch hinzugeben und kurz zwei Minuten brutzeln. Danach beiseitestellen.
3. Restliches Öl im Wok erhitzen und Knoblauch darin kurz sautieren.
4. Erbsen, Edamame und Brokkoli in den Wok geben; drei Minuten anbraten.
5. Reisweinmixtur hinzugeben und vier Minuten unter ständigem Umrühren kochen lassen.
6. Fleisch und Maisstärke hinzugeben. 2 Minuten kochen, bis es sich eindickt. Mit Sesamöl beträufelt servieren.

Das Geheimnis dieses Gerichtes liegt in der Reisweinmixtur. Es lohnt sich also auf jeden Fall, verschiedene Reisweine zu probieren: Mit Sake, Shaoxing oder Sato lässt sich ohne viel Aufwand dem Gericht eine jeweils andere Note verleihen. Gibt der Vorratsschrank keinen Reiswein her, kann man auch Sherry nehmen.

371,2 Kalorien | 18,2g Fett | 19,2g Kohlenhydrate | 4,4g Zucker | 31g Eiweiß

Fisch mit Bohnen und Reis

6 Portionen – 1 Stunde 5 Minuten Zubereitungszeit

Zutaten:

Fisch: 2 EL Erdnussöl, Ein ganzer Fisch (500 g – 1 kg, z.B. hier: Regenbogenforelle: 700 g), 200 g Reismehl, 2 EL Gewürzmischung (am besten „Fünf-Gewürze- Pulver"), 1 Prise Salz, 1 Prise Schwarzer Pfeffer

Spargelbohnen: 2 EL Sojasauce, 1 Prise weißer Pfeffer, 240 g Mett, 60 ml Erdnussöl, 350 g Spargelbohnen (gewaschen, geschnitten, alternativ: Wachsbohnen oder grüne Bohnen), 3 EL Knoblauch (zermahlen), 2 EL Hoisin- Sauce, 2 EL Chilisauce, 1 EL Dunkle Sojasauce, 1 TL Sesamöl

Angebratener Reis: 3 EL Erdnussöl, 1 TL Sesamöl, Eine Zwiebel (gewürfelt); 50 g Karotten (geschnitten), 1 TL Knoblauch (zermahlen), 1 TL Ingwer, 1,2 kg Weißer Reis (gekocht), 100 g Erbsen, 200 ml Sojasauce, 2 TL Zucker, 2 EL Frühlingszwiebeln (geschnitten)

Zubereitung:

1. **Fisch:** Ein wenig Öl im Wok erhitzen.
2. Ggf. Fünf-Gewürze-Pulver selbstmachen (siehe Teil II des Buches).
3. In einer Schüssel Gewürzmischung, Reismehl, Pfeffer und Salz vermengen. Den Fisch beidseitig darin panieren.
4. Fisch in den Wok geben. Ggf. Fisch mit Öl beträufeln.
5. Goldbraun braten, ca. 10-15 Minuten.
6. Fisch in Portionen schneiden und mit dem Reis als Beilage und den Spargelbohnen als Topping servieren. Sofern nötig, den Fisch zwischenzeitlich im Backofen bei 50°C warmhalten, bis der Rest des Gerichtes zubereitet wurde.

Zubereitung:

7. **Spargelbohnen:** Weißen Pfeffer, Sojasauce und Mett in einer Schüssel vermengen. Gut durchkneten. 10 Minuten stehen lassen.
8. Öl im Wok erhitzen.
9. Sobald das Öl heiß ist, die Spargelbohnen hinzugeben. Diese sind durch, sobald sie faltig werden. Dauert ca. 3 Minuten.
10. Auf eine mit Papier bzw. Backpapier ausgelegte Fläche geben.
11. Im Restöl im Wok Knoblauch kurz anschwitzen.
12. Das Mettgemisch hinzugeben und 2 Minuten anbraten.
13. Hoisin- und Chilisauce sowie Sesamöl und dunkle Sojasauce hinzugeben. Gut verrühren.
14. Bohnen wieder in den Wok geben und alles vermengen.
15. Die so fertige Spargelbohnenmixtur kurz die Hitze aufnehmen lassen.
16. Ggf. die Spargelbohnenmixtur bei 50°C im Backofen warmhalten, bis der Rest des Gerichtes zubereitet wurde.
17. **Angebratener Reis:** Erdnuss-Sesamölgemisch im Wok erhitzen und Zwiebeln sowie Karotten darin 1 Minute sautieren.
18. Knoblauch, Frühlingszwiebeln und Ingwer hinzugeben.
19. Restliche Zutaten hinzugeben und unter ständigem Umrühren 4 Minuten brutzeln.
20. **Alle drei Teilgerichte miteinander kombinieren und servieren.**
21. Genießen.

Für dieses Gericht sollte man den Backofen auf 50°C vorheizen, da wir den Wok mehrmals brauchen werden und die schon fertigen Teile unserer Speise warmhalten sollten. Alternativ können wir z.B. den Reis im Reiskocher zubereiten oder die Spargelbohnen in der Pfanne anrichten – auch wenn dadurch nicht genau denselben, einzigartigen Geschmack hinbekommt wie im Wok.
Nährwerte berechnet mit 700 g Regenbogenforelle

853,7 Kalorien | 22,7g Fett | 111,5g Kohlenhydrate | 10g Zucker | 48,6g Eiweiß

Forellenbarsch mit Frühlingszwiebeln, Ingwer und sautiertem Pak Choi

4 Portionen – 25 Minuten Zubereitungszeit

Zutaten: Etwas Pflanzenöl zum Anbraten (ca. 2x 2 EL), 0,5-1 kg Forellenbarsch (hier: 700 g), 150 g Reismehl, 120 g Maisstärke, 1 Prise Salz, 1 Prise Pfeffer, Essenzgewürz*, 2 TL Gewürzmischung nach Wahl (z.B. „Fünf-Gewürze-Pulver"), 4 Frühlingszwiebeln (geschnitten), 4 Pak Choi-Köpfe (halbiert), 1 TL Sesamöl, 2 EL Reisweinessig, Etwas Knoblauch-Chilisauce/Sriracha (ca. 1 EL)

*Essenzgewürz: 2 EL Paprika, 2 EL Salz, 2 EL Knoblauchpulver, 1 EL Zwiebelpulver, 1 EL Cayennepfeffer, 1 EL Oregano, 1 EL Thymian

Zubereitung:

1. Öl in Pfanne erhitzen.
2. Forellenbarsch an mehreren Stellen in der Haut einschneiden.
3. In einer Schüssel Maisstärke, Reismehl, Pfeffer, Salz, Gewürzmischung und Essengewürz vermengen.
4. Fisch salzen und pfeffern; Im Schüsselgemisch panieren.
5. Fisch in Pfanne 8-10 Minuten scharf anbraten.
6. Wok erhitzen und Pflanzenöl hinzugeben.
7. Bok-Choy und Frühlingszwiebeln im heißen Wok 4-5 Minuten anbraten.
8. Gemüse, Sesamöl und Reisweinessig hinzugeben. 2-3 Minuten unter ständigem Umrühren köcheln.
9. Den Fisch als Topping auf der Gemüsemischung servieren. Mitsamt Chilisauce servieren und genießen.

Man darf sich nicht täuschen: Obwohl es „nur" ein Fisch ist, kann man mit diesem Gericht durchaus 4 Personen satt bekommen. Sehr bekömmlich auch im Sommer gegen Abend, wenn es langsam kühler wird und man nach einem langen, sonntäglichen Ausflugstag mit viel Hunger etwas Leckeres essen möchte. Nährwerte mit 700 g Fisch berechnet.

634,5 Kalorien | 18,6g Fett | 79,5g Kohlenhydrate | 10,5g Zucker | 46,5g Eiweiß

Gartenbohnen mit Nudeln & Shrimps

5 Portionen – 1 Stunde Zubereitungszeit

Zutaten: 500 g Shanghainudeln (blanchiert), 400 g Gartenbohnen (blanchiert), 500 g Shrimps, 1 EL Maisstärke, 1 TL Sesamöl, 1 TL Koriander, 1 EL Knoblauch (zermahlen), 1 EL Ingwer, 1 Rote Zwiebel (dünn geschnitten), 100 g Pilze (halbiert, getrocknet), 120 ml Hühnerbrühe, 120 ml Austernsauce, 1 Prise Salz, 1 Prise Pfeffer, 2 EL Rapsöl

Zubereitung:

1. Shrimps, Sesamöl und Koriander in einer Schüssel vermengen.
2. Wok erhitzen, Rapsöl hinzugeben.
3. Shrimps zwei Minuten darin anbraten. Danach zur Seite stellen.
4. Ein wenig Öl erneut hinzugeben und im Wok Knoblauch, Zwiebeln und Ingwer karamellisieren.
5. Pilze, Hühnerbrühe und Austernsauce hinzugeben.
6. Nudeln, Shrimps und Gartenbohnen ebenfalls hinzugeben.
7. Durcherhitzen und anschließend servieren.
8. Genießen.

Die Shanghainudeln kann man durchaus mit einer anderen, zum Anbraten geeigneten Nudelsorte ersetzen, z.B. Mie-Nudeln oder vorgekochte Tagliatelle. Wenn nicht anders möglich, kann man die Austernsauce ggf. mit 50 ml Fischsauce ersetzen, dazu einen Schuss Hoisinsauce.

381,6 Kalorien | 9,4g Fett | 43,5g Kohlenhydrate | 6,9g Zucker | 31,5g Eiweiß

Gebratene Banane

3-4 Portionen – 15 Minuten Zubereitungszeit

Zutaten: 2 EL Butter, 4 mittelgroße Bananen (geschält, in mundgerechte Stücke geschnitten), 60 g brauner Zucker, 1 TL schwarze Sesamsamen, Saft einer Zitrone

Zubereitung:

1. Wok erhitzen. Butter hinzugeben.
2. Sobald die Butter geschmolzen ist, die Bananen hinzugeben.
3. Zucker hinzugeben. 2 Minuten schmelzen lassen.
4. Sesamsamen und Zitronensaft hinzugeben; alles gut durchmengen.
5. Genießen.

Ideal als süßer Snack für Zwischendurch. Als Beilage sind frische Erdbeeren (halbiert) oder ganze Himbeeren sehr zu empfehlen. Ggf. die Speise vor dem Servieren mit ein wenig Zimt bestreuen, um dem Ganzen eine feinere Note zu verleihen. Nährwerte auf 3 Portionen aufgeteilt berechnet.

291,7 Kalorien | 9g Fett | 56,3g Kohlenhydrate | 40g Zucker | 2,3g Eiweiß

Gebratener Reis mit Nürnbergern

4 Portionen – 25 Minuten Zubereitungszeit

Zutaten: 60 ml Canolaöl, 2 Eier, 1 EL Ingwer (zermahlen), 1 EL Knoblauch (zermahlen), 1 Karotte (hauchdünn geschnitten), 2 Selleriestangen (gewürfelt), 3 Nürnberger (in dünne Scheiben geschnitten), 1 Handvoll Frühlingszwiebeln (ca. 100 g, gewürfelt), 800 g gekochter weißer Reis, 60 ml Sojasauce, 1 EL Reisweinessig

Zubereitung:

1. 2 EL Canola im Wok erhitzen.
2. Eier hinzugeben und braten.
3. Fertig gebratene Eier beiseitestellen.
4. Restliches Öl, Knoblauch, Ingwer, Karotten und Sellerie in den Wok geben. 2 Minuten braten.
5. Wurststücke und einen Teil der Frühlingszwiebeln hinzugeben. 1 Minute anbraten.
6. Reis, Reisweinessig und Sojasauce hinzugeben. Kurz 2 Minuten anbraten.
7. Eier hineinrühren, vermengen und servieren.
8. Mit restlichen Frühlingszwiebeln garnieren und genießen.

Ideales Powerfrühstück. Vegetarier können hier natürlich zu Fleischersatzprodukten greifen, z.B. auf Tofubasis. Sollte man kein Canolaöl verwenden wollen, muss man unbedingt die Wurststücke bei Schritt 5 alleine 2-3 Minuten bei mittlerer Hitze anbraten, bevor man die Frühlingszwiebeln hinzugibt.

512,3 Kalorien | 23,5g Fett | 61,6g Kohlenhydrate | 2,4g Zucker | 12,4g Eiweiß

Gedämpfte Hühnerbrust mit Wirsing

4 Portionen – 1 Stunde bis ein Tag Zubereitungszeit

Zutaten: 200 ml Sojasauce, 1 EL Sesamöl, 1 EL Erdnussöl, Saft einer Zitrone, 1 EL Ingwerpulver, 1 Knoblauchzehe (zermahlen), Eine Handvoll Korianderblätter (ca. 16 g, geschnitten), 4 Hühnerbrustfilets (ca. 400 g), 1 Wirsing

Zubereitung:

1. In einer Schüssel Sesamöl, Sojasauce, Erdnussöl, Ingwer, Zitronensaft, Knoblauch und Koriander vermengen.
2. Hühnerbrüste hinzugeben und (am besten mit Deckel) alles gut durchmengen und durchschütteln.
3. Über Nacht stehen lassen, sodass das Huhn gut mariniert wird. Mindestens 30 Minuten einwirken lassen, wenn es schnell gehen soll.
4. 2 cm hoch Wasser in den Wok geben. Erhitzen und zum Kochen bringen.
5. Den Bambusdämpfer (ggf. alternativ: Dämpfeinsatz für einen Schnellkochtopf zweckentfremden) mit den Wirsingblättern auslegen.
6. Marinierte Hühnchen darauf ablegen.
7. Dämpfer in den Wok geben und 10-15 Minuten dämpfen lassen.

Wer einen Bambusdämpfer hat, kann im Wok zauberhaft leckere Gerichte dampfgaren. Wer experimentieren möchte, ersetzt das marinierte Hühnerfleisch mit Kartoffeln oder Feta – dann jedoch ggf. ein paar Minuten länger dämpfen.

568,1 Kalorien | 11,7g Fett | 11g Kohlenhydrate | 3,2g Zucker | 37,7g Eiweiß

Gemüse mit Honig-Sojasamen-Dressing

4 Portionen – 15 Minuten Zubereitungszeit

Zutaten: 750 g Spinat (alternativ: Brokkoli), 3 EL Sojasauce, 2 EL Reisweinessig, 1 EL Honig, 1 TL Sesamöl, 1 TL Sesamsamen (geröstet)

Zubereitung:

1. Etwas Wasser (50-100 ml) in den Wok geben. Erhitzen.
2. Spinat in den Bambusdämpfer geben (alternativ: Dämpfeinsatz eines Schnellkochtopfes benutzen).
3. Dämpfer in den Wok stellen und den Spinat 5 Minuten dämpfen.
4. In einer Schüssel Essig, Sojasauce, Öl, Honig und Sesamsamen zu einem Dressing vermengen.
5. Spinat auf einen Teller geben und mit Dressing beträufeln. Gut durchmengen.
6. Genießen.
7. Optional: Mit weiteren Sesamsamen garnieren.

Ein schnell gezaubertes Gericht gegen den Heißhunger, wenn es vegetarisch sein soll. Ob der Dämpfeinsatz eines Schnellkochtopfes gut benutzbar ist, hängt immer vom jeweiligen Modell ab und kann entsprechend – sind wir ehrlich – nur eine Notlösung zum Ausprobieren sein. Auf Dauer führt kein Weg an einem Bambusdämpfer vorbei.

80,7 Kalorien | 2,3g Fett | 12g Kohlenhydrate | 5,3g Zucker | 6,5g Eiweiß

Grüne Bohnen mit Apfel

4 Portionen – 15 Minuten Zubereitungszeit

Zutaten: 2 EL Honig, 2 EL Reisweinessig, 1 EL Sesamöl, 1 TL Paprikaflocken, 1 Prise Salz, 1 Prise Pfeffer, 2 EL Pflanzenöl, 1 Pfund grüne Bohnen, 2 Knoblauchzehen (zermahlen), 1 TL Ingwer (zermahlen), 2 mittelgroße Äpfel (geschnitten)

Zubereitung:

1. Reisweinessig, Honig, Sesamöl, Salz, Pfeffer und Paprikaflocken in eine Schüssel geben und vermengen.
2. Pflanzenöl im Wok erhitzen.
3. Bohnen und Äpfel in Wok geben. Ca. 2-3 Minuten erhitzen, bis es karamellisiert.
4. Knoblauch und Ingwer hinzugeben und 2 Minuten köcheln.
5. Wokinhalt auf Teller geben.
6. Mit der Mixtur aus der Schüssel beträufeln und servieren.

Schneller und einfach umzusetzender Snack, wenn es süß sein soll. Statt Bohnen kann man sehr gut auch Bananen- und/oder Birnenstücke dazugeben, um es noch fruchtiger zu gestalten.

222 Kalorien | 12,8g Fett | 30,5g Kohlenhydrate | 22,3g Zucker | 2,7g Eiweiß

Grüne Bohnen mit Frühlingszwiebeln und Chili

4-6 Portionen – 20 Minuten Zubereitungszeit

Zutaten: 2 Frühlingszwiebeln zum Garnieren, 500 g grüne Bohnen, 2 EL Erdnussöl, 1 Schallote (fein geschnitten), 3 TL Ingwer (gemahlen), ½ rote Chili (dünn geschnitten); 2 EL Sojasauce, Etwas Eiswasser, 1 Knoblauchzehe (zermahlen)

Zubereitung:

1. Frühlingszwiebeln dünn schneiden und in eine Schüssel mit Eiswasser geben. Dadurch locken sich diese und wir bekommen eine schöne Garnierung hin.
2. Bohnen in kaltem Wasser abwaschen. Enden abschneiden.
3. Einen Topf mit Wasser und ein wenig Salz zum Kochen bringen. Bohnen hinzugeben und blanchieren, bis diese hellgrün sind. Ca. 2 Minuten sind dafür nötig. Im Eiswasser abschrecken und anschließend abtropfen.
4. Wok erhitzen. Erdnussöl hinzugeben und anschließend Schalotten, Ingwer, Knoblauch und Chili hinzugeben.
5. Gut vermengen und eine halbe Minute anbraten.
6. Bohnen hinzugeben und gut vermengen. Mehrere Minuten sautieren.
7. Sojasauce hinzugeben und noch 1-2 Minuten weiter sautieren.
8. Fertiges Gemisch auf einen Teller geben und mit den gelockten Frühlingszwiebeln garnieren.

Frühlingszwiebeln eignen sich hervorragend zum Dekorieren von Speisen, wenn diese in Eiswasser gelockt wurden. Alternativ kann man auch mit einem Spiralschneider eine Karotte oder Zucchini spiralisieren. Nährwerte auf 4 Portionen aufgeteilt berechnet.

109,3 Kalorien | 7,1g Fett | 10,6g Kohlenhydrate | 4,7g Zucker | 3,3g Eiweiß

Hähnchen Kung Pao

Zutaten:

Sauce: 7 EL Gemüsebrühe, 1 EL Maisstärke, 1 EL Hoisinsauce, 1 EL Ketchup, 1 EL Sojasauce, 1 EL Reisweinessig, 1 TL Chilisauce/Sriracha

Huhn: 2 Hühnerbrustfilet (ca. 300 g, mundgerecht geschnitten), 1 Prise Salz, 1 Prise weißer Pfeffer, 1 EL Kartoffelstärke, 1 EL Erdnussöl, 2 EL Pfefferkörner, 4 getrocknete Chilischoten, 1 EL trockener Sherry, 1 rote Paprika (geschnitten), 2 Frühlingszwiebeln (geschnitten), Eine Handvoll Cashewkerne (ca. 70 g)

Zubereitung:

1. **Sauce:** Saucenzutaten vermengen.
2. **Huhn:** Hühnerbrüste mit Salz und Pfeffer bestreuen. Mit Kartoffelstärke das Huhn panieren.
3. Wok erhitzen.
4. Sobald der Wok heiß ist, Erdnussöl hinzugeben.
5. Pfefferkörner und trockene Chili kurz anbraten (10-30 Sekunden), danach die Hühnerbrüste hinzugeben. 2 Minuten anbraten.
6. Anschließend Sherry hinzugeben und zwei Minuten kochen lassen.
7. Jetzt ist es Zeit für die Sauce. Hinzugeben und zum Kochen bringen.
8. Paprika hinzugeben. 2 weitere Minuten brutzeln bzw. bis das Huhn durch ist.
9. Frühlingszwiebeln hinzugeben und eine Minute der Resthitze im Wok aussetzen.
10. Gericht mit Cashews garnieren und genießen.

Im chinesischen Original eine sehr scharfe Hühnchenspeise. Wir kochen hier eine immer noch feurige, aber dennoch mildere Variante, da wir in Europa handelsübliche Chilischoten verwenden. Wer es schärfer haben möchte, sollte am besten eine schärfere Chilisorte bei den Schoten wählen. Das Hühnchen kann man für eine vegetarische Variante mit Räuchertofu ersetzen. Nährwerte auf 2 Portionen aufgeteilt berechnet.

658 Kalorien | 19,7g Fett | 35,8g Kohlenhydrate | 20g Zucker | 87,4g Eiweiß

Dieses Mahl gefällt mir wohl, drauf sich frischt und speist nicht nur unser Aug' und Leib, sondern auch der Geist – **Friedrich Freiherr von Logau**

Huhn mit Gemüse

Zutaten: 1 EL Erdnussöl, 3 Knoblauchzehen (zermahlen), 1 EL Ingwer (zermahlen), 500 g Hühnerbrustfilet (mundgerecht geschnitten), 1 Zwiebel (gewürfelt), 50 g Karotten (geschnitten), 1 mittelgroße rote Paprika (geschnitten), 300 g Kefe, Eine Dose Minimaiskolben (ca. 200 g, alternativ Zuckermais verwenden – aufpassen, dieser brennt schneller an!), 350 g Brokkoliröschen, 60 ml Sojasauce, 2 TL Maisstärke, 250 ml Hühnerbrühe

Zubereitung:

1. Öl im Wok stark erhitzen.
2. Ingwer und Knoblauch hinzugeben. Eine Minute sautieren.
3. Huhn hinzugeben und 4 Minuten anbraten.
4. Karotten, Zwiebeln und Paprika hinzugeben. 1 Minute anbraten.
5. Kefe, Brokkoli und Mais hinzugeben. 2 Minuten anbraten.
6. Sojasauce hinzugeben. Weitere 2 Minuten braten.
7. Maisstärke in Hühnerbrühe auflösen. Gemisch in Wok hinzugeben.
8. 2 Minuten köcheln lassen.
9. Mit z.B. Reis als Beilage servieren.

Dank der Kefe erhalten wir ein recht proteinreiches Gericht. Wer es vegetarisch haben möchte, ersetzt die Hühner- mit Gemüsebrühe und das Hühnchen mit Tempeh oder schwarzen Bohnen.

377,2 Kalorien | 10,6g Fett | 20,3g Kohlenhydrate | 7,7g Zucker | 47,7g Eiweiß

Hühnchen mit Brokkoli

3-4 Portionen – 20 Minuten Zubereitungszeit

Zutaten: 2 EL Sojasauce, 1 EL Orangensaft, 1 EL brauner Zucker, 1 EL Reisweinessig, ½ EL Maisstärke, ½ EL Sesamöl, 1 TL Paprikapulver, 1 EL Erdnussöl (bzw. nach Bedarf auch mehr), 500 g Hühnerbrustfilet (dünn geschnitten), 2 EL Ingwer (zermahlen), 4 Knoblauchzehen (zermahlen), 4 Frühlingszwiebeln (geschnitten), 700 g Brokkoliröschen (vorgekocht), Reis als Beilage (gekocht, ca. 200 g)

Zubereitung:

1. In einer Schüssel Sojasauce, Zucker, Orangensaft, Reisweinessig, Sesamöl, Maisstärke und Paprikapulver vermengen.
2. Erdnussöl in Wok geben und erhitzen.
3. Sobald das Öl heiß ist, die Hälfte der Hühnerbruststücke in den Wok geben. 3-4 Minuten scharf anbraten.
4. Angebratene Hühnerbruststücke beiseitestellen und den Vorgang mit dem restlichen Fleisch wiederholen.
5. Anschließend ein wenig Öl erneut in den Wok geben und nun Knoblauch, Ingwer und Frühlingszwiebeln darin 1 Minute anbraten.
6. Die angebratenen Hühnerbruststücke mitsamt Brokkoli erneut in den Wok geben. Vermengen, bis alles schön durcherwärmt ist.
7. Mit Sauce übergießen. Verrühren, bis sich diese eingedickt hat.
8. Über den Beilagenreis geben und servieren.

Statt Reis machen sich Kartoffelecken als Beilage ebenso gut: Dafür festkochende Kartoffeln klein schneiden, mit ein paar Gewürzen (2 EL Pfeffer, 2 EL Paprika, 1 EL grobkörniges Meersalz, ein Spritzer Chilisauce) und 3 EL Olivenöl in einer Schüssel gut vermengen und ca. 45 Minuten bei 180°C im Ofen knusprig backen. Nährwerte auf 3 Portionen aufgeteilt berechnet.

545,5 Kalorien | 15,5g Fett | 40,9g Kohlenhydrate | 7,4g Zucker | 61,1g Eiweiß

Fleisch von heute, Brot von gestern, Wein vom Jahr zuvor. Das hält gesund! – **Spanisches Sprichwort**

Hühnerbrust mit Lemon Curd

4 Portionen – 25 Minuten Zubereitungszeit

Zutaten: 750 g Hühnerbrust (geschnitten), 120 g Mehl, 1 Prise Salz, 2 EL Pflanzenöl, 1 EL Weißweinessig, 120 ml Hühnerbrühe, 240 g Lemon Curd, 60 ml Wasser (heiß), 1 Zitronenzeste, 2 Lauchzwiebeln (dünn geschnitten), Etwas Quark (ca. 100 g)

Zubereitung:

1. Ggf. Lemon Curd selbst zubereiten. Anschließend
2. Salzen.
3. Den Wok erhitzen. Öl hinzugeben.
4. Im Wok die Hühnchenstücke goldbraun anbraten.
5. Angebratene Hühnchenstücke beiseitestellen.
6. Bei nun mittlerer Hitze im Wok ein wenig Weißweinessig mitsamt Quark verteilen.
7. Anschließend Brühe hinzugeben und mit dem Weißweinessig und Quark im Wok verrühren. Heißes Wasser hinzugeben. Gut vermengen.
8. Hühnchenstücke wieder hinzugeben, vermengen und 2 Minuten köcheln lassen.
9. Fertiges Gemisch aus dem Wok nehmen und Lauchzwiebeln sowie Zeste hinzugeben. Mit Lemon Curd und ggf. einer Beilage (z.B. Reis) servieren.

Wer Reis als Beilage nimmt, kann diesem mit dem Lemon Curd zu einem leckeren Brei vermengen. Selbstgemachtes Lemon Curd: 4 Zitronen, 180 g Zucker, 130 g Butter und 4 Eier nehmen. Zitronen auspressen und mitsamt Zeste sowie Zucker in einem Topf aufkochen. Butter und verquirlte Eier langsam unterrühren. 4-5 Minuten andicken und heiß in ein Marmeladenglas geben.

661,4 Kalorien | 24,3g Fett | 47,5g Kohlenhydrate | 22,9g Zucker | 66,5g Eiweiß

Hühnerbrust mit Orange

6-8 Portionen – 25 Minuten Zubereitungszeit

Zutaten: 1 EL Pflanzenöl, 1 EL Sesamöl, 1 kg Hühnerbrust (kleingeschnitten), 600 g Brokkoli (in kleine Röschen zerteilt), 30 g Shiitakepilze (alternativ: Champignons), 3 mittelgroße Karotten (hauchdünn geschnitten), 1 mittelgroße rote Paprika (gewürfelt), Eine Handvoll chinesische Wasserkastanien (geschnitten und ggf. abgetropft, ca. 120 g), 250 ml Hühnerbrühe, 60 ml Hoisinsauce, 60 ml Sojasauce, 1 TL Ingwerpulver, 2 EL Maisstärke, 2 Orangen (ohne Schale in Stücken, alternativ 3 Mandarinen)

Zubereitung:

1. Öl bei mittlerer Hitze im Wok erwärmen.
2. Hühnerbruststücke hinzugeben und 4-5 Minuten braten.
3. Brokkoli, Karotten, Pilze, Pfeffer und Zwiebel hinzugeben. Ständig umrühren und weitere 5 Minuten braten.
4. Wasserkastanien hinzugeben und gut vermengen.
5. In eine Schüssel Hoisinsauce, Hühnerbrühe, Ingwer, Sojasauce und Maisstärke geben. Wokinhalt und Orangenstücke zugeben. Vermengen.
6. Gemisch in Wok (zurück-)geben und nochmals kurz scharf anbraten, danach 5 Minuten köcheln lassen. Mit z.B. Reis als Beilage servieren.

Die Wasserkastanie verleiht der Speise – neben den Mandarinenstücken – einen angenehmen, leicht süßlichen Geschmack und bleibt dabei doch recht knackig. Vegetarier ersetzen die fleischhaltigen Rezeptbestandteile mit Gemüsebrühe und Tempeh. Nährwerte auf 6 Portionen aufgeteilt berechnet.

457,7 Kalorien | 17,3g Fett | 31,3g Kohlenhydrate | 13,4g Zucker | 57,5g Eiweiß

Kohl aus dem Wok

Zutaten: 2 TL Canolaöl (alternativ: Rapsöl), 1 Zwiebel (in dünne Scheiben geschnitten), 1 Knoblauchzehe (zermahlen), 1 TL Ingwer (zermahlen), 1 Kopf Chinakohl (geschnitten, ca. 800 g), 2 EL Sojasauce, 1 EL Reiswein, 2 TL Sesamöl, 1 TL Gewürzmischung (z.B. „Fünf-Gewürze-Pulver")

Zubereitung:

1. Canolaöl im Wok erhitzen (mittlere Hitze).
2. Anschließend Zwiebeln, Ingwer und Knoblauch hinzugeben. 1 Minute sautieren.
3. Kohl hinzugeben und anbraten, bis dieser welk wird (ca. 2 Minuten).
4. Reiswein und Sojasauce hinzugeben. Gut durchmengen und 3 Minuten köcheln.
5. Mit Sesamöl beträufeln und servieren.

Eine große Portion Kohl hat wenige Kalorien, sättigt aber durch ihr Volumen weitaus länger als gedacht. Eine ideale Speise, wenn man Abnehmen möchte.

88,5 Kalorien | 5g Fett | 7,8g Kohlenhydrate | 3,7g Zucker | 4,2g Eiweiß

Kohl mit Shrimps

4 Portionen – 30 Minuten Zubereitungszeit

Zutaten: 1 Eiklar, 1 EL Sojasauce, 1 TL Sojasauce, 1 EL Maisstärke, 2 TL Maisstärke, 600 g Shrimps (entdarmt, geschält), 2 TL Hoisinsauce, 1 TL Sherryessig (alternativ: Rotweinessig), 120 ml Hühnerbrühe, 2 EL Pflanzenöl, 4 Frühlingszwiebeln (fein geschnitten, grüne und weiße Teile separat), 1 EL Ingwerpulver, 1 Knoblauchzehe (zermahlen), 1 Pfund Kohl (fein geschnitten), Weißer Reis (ca. 200 g, gekocht)

Zubereitung:

1. In einer Schüssel Eiklar, 1 TL Sojasauce und 1 EL Maisstärke vermengen.
2. Shrimps hinzugeben und damit panieren.
3. 10 Minuten ruhen lassen.
4. In einer anderen Schüssel Essig, Hoisinsauce und 1 EL Sojasauce mit 2 TL Maisstärke vermengen. Brühe hinzugeben und gut vermengen.
5. Shrimps abtropfen.
6. Öl im Wok erhitzen.
7. Frühlingszwiebeln (Weißer Teil), Knoblauch und Ingwer 30 Sekunden scharf anbraten.
8. Shrimps hinzugeben und 3 Minuten anbraten.
9. Kohl hinzugeben und ca. 2 Minuten brutzeln, bis er welk wird.
10. Hoisinsaucenmixtur hinzugeben und unterrühren.
11. 2 Minuten köcheln lassen.
12. Frühlingszwiebeln (Grüner Teil) hineinrühren.
13. Mit Reis als Beilage servieren und genießen.

Als vegetarische Alternative statt Hühnerbrühe Gemüsebrühe verwenden und die Shrimps mit veganen Scampi auf Yamswurzelbasis ersetzen. Man bekommt zwar nicht genau das gleiche Geschmackserlebnis geliefert, schmecken tut es dennoch sehr gut.

357,9 Kalorien | 8,9g Fett | 30,2g Kohlenhydrate | 4,4g Zucker | 40,2g Eiweiß

Küsse vergehen, Kochkunst bleibt bestehen –
George Meredith

Krabben im Wok

Zutaten: 60 ml Canolaöl (oder Rapsöl), 1 Pfund Krabben (ohne Schale), 3 EL Hoisinsauce, 1 EL Chilisauce/Sriracha, 3 EL Knoblauchpaste, 60 ml Weißwein, 1 TL Sesamöl, 1 EL geröstete Sesamsamen, 2 EL Frühlingszwiebeln (geschnitten)

Zubereitung:

1. Das Öl im Wok erhitzen.
2. Krabbenschalen aufbrechen, sodass die Sauce einwirken kann.
3. Krabben ins Öl geben und 1-3 Minuten sautieren. Anschließend aus dem Wok nehmen und Öl herauslaufen lassen. Dafür am besten auf ein Küchentuch legen.
4. Hoisinsauce, Knoblauchpaste, Weißwein und Chilisauce in den Wok geben. Kurz erhitzen, bis es zu kochen beginnt.
5. Krabben wieder hinzugeben und in der Saucenmixtur eine halbe Minute wenden.
6. Sesamöl hinzugeben und eine halbe Minute einwirken lassen.
7. Krabben aus dem Wok nehmen und mit Frühlingszwiebeln sowie Sesamsamen garniert servieren.

Die Wahl des passenden Kochweines. Am besten einen möglichst trockenen Silvaner oder Riesling verwenden. Alternativ mischt man sich aus Wasser, Gemüsebrühe, Essig und einem Schuss Zitronen einen alkoholfreien Weinersatz.

322,7 Kalorien | 20,6g Fett | 7,6g Kohlenhydrate | 4,4g Zucker | 23,6g Eiweiß

Meeresgemüsegenuss

4 Portionen – 45 Minuten Zubereitungszeit

Zutaten:

Tomatenmixtur: 200 g Tomaten (geschält und gewürfelt), 1 Frühlingszwiebeln (gewürfelt), 1 Zwiebel (gewürfelt), 2 EL Ingwer, 1 EL Reiswein, 1 EL Reisweinessig, 1 El Schwarze Sesamsamen, 1 TL Schwarzer Pfeffer, 1 TL Salz, 1 TL Fischsauce (z.B. Nam Pla)

Senfmixtur: 1 EL Senfpulver (bzw. gemahlene Senfkörner), 2 EL warmes Wasser, 1 EL Sojasauce

Sauce: 60 ml Weißwein, 1 EL Weißweinessig, 1 EL Frühlingszwiebeln (zermahlen), 2 EL Schlagsahne, 1 Prise Salz, 1 Prise Pfeffer

Mehlmixtur: 120 g Mehl, 2 EL kaltes Wasser, 1 mittelgroßes Ei, 1 EL Sojasauce

Ahi: 90 g Sashimifish (alternativ: Thunfisch), 4 EL Wasabipaste, 2 Noriblätter, 2 EL Rapsöl, Etwas Butter (ca. 1 EL), 1 EL Petersilie, Etwas Sojasauce (1-2 EL), Eine Prise Salz, Eine Prise Pfeffer

Zubereitung:

1. **Tomatenmixtur:** In einer Schüssel Tomaten, Frühlingszwiebeln, Zwiebeln, Ingwer, Reiswein, Reisweinessig, Sesamsamen, schwarzen Pfeffer, Salz und Fischsauce vermengen.
2. **Senfmixtur:** In einer weiteren Schüssel Senf mit 2 EL warmen Wasser zu einer Paste verquirlen.
3. Sojasauce dazu hineinquirlen und beiseitestellen.

Zubereitung:

4. **Sauce:** In einer Pfanne Weißwein, Essig, Frühlingszwiebeln (zermahlen) und Pfefferkörner kochen, bis alle Flüssigkeit aufgesogen wurde, ca. 2 Minuten.
5. Schlagsahne hinzugeben und eine Minuten kochen, bis es sich eindickt.
6. Salzen und würzen. Fertige Sauce beiseitestellen.
7. **Mehlmixtur:** Wasser, Mehl und Eier in einer Schüssel verquirlen. 1 EL Sojasauce zur Mehlmixtur geben und vermengen.
8. **Ahi:** Sashimifisch salzen. Wasabi über die Noriblätter geben. Den Fisch mit Noriblättern bedecken.
9. Im Wok das Rapsöl erhitzen. Nori-Fisch-Mischung in Soja-Mehlmixtur „marinieren". Anschließend knusprig beidseitig im Wok anbraten.
10. Fisch herausnehmen – salzen und würzen. Beiseitestellen.
11. Restliche Sojasauce im Wok köcheln lassen.
12. Ein wenig Senf und Butter für den Geschmack hinzugeben. Kurz eine halbe Minute die Hitze aufnehmen lassen und gut mit der Sojasauce vermengen. Diese Mixtur über den Fisch geben.
13. Alle Zutaten miteinander kombinieren: Ahi (hier: die Fischmixtur) mit der Tomatenmixtur übergießen, darüber den Rest (Senf- und Saucenmixtur) vorsichtig träufeln bzw. verteilen.
14. Servieren und genießen – ggf. mit Algennudeln als Beilage.

Sofern man statt japanischem Sashimi „europäischen" Thunfisch verwendet, am besten zu denen in Steakform greifen. Auch Lachssteaks stellen eine gute Basis dar. Sofern eine Beilage gewünscht ist, eignen sich Algennudeln hervorragend, da diese geschmacklich perfekt passen.

387,7 Kalorien | 17,8g Fett | 41,4g Kohlenhydrate | 7g Zucker | 13,5g Eiweiß

Muscheln mit schwarzer Bohnensauce

4 Portionen – 1 Stunde Zubereitungszeit

Zutaten: 2 EL Rapsöl, 1 kg Muscheln (geputzt und kochfertig), 1 EL Knoblauch (zermahlen), 1 EL Ingwer, 4 Chilischoten (zermahlen, mit Samen), 1 EL fermentierte Schwarze Bohnen, 120 ml Weißwein, 2 Tomaten (gewürfelt), 1 EL Fischsauce, 500 ml Hühnerbrühe, 240 g Reisnudeln (Al Dente in warmen Wasser eingeweicht), 1 Bund Schnittlauch, 60 g Butter, Saft zweier Zitronen, 1 Prise Salz, 1 Prise Pfeffer

Zubereitung:

1. Wok erhitzen.
2. Rapsöl in heißen Wok geben.
3. Muscheln darin braten, bis sich diese öffnen.
4. Knoblauch, Ingwer, Bohnen und Chili hinzugeben.
5. 5 Minuten anbraten.
6. Mit Weißwein löschen und Hitze deutlich reduzieren.
7. Tomaten, Hühnerbrühe, Fischsauce und Nudeln hinzugeben. Gut vermengen.
8. Restliche Zutaten hinzugeben.
9. Schlussendlich mit Zitronensaft beträufeln. Verrühren und servieren.

Die fermentierten Bohnen (die um genau zu sein Sojabohnen sind) kauft man am besten im Asialaden. Diese lassen sich geschmacklich schlecht ersetzen, da sie dem Gericht den sehr würzigen, einzigarten Geschmack verleihen – notfalls als Alternative; eine Mischung aus 1 TL Hoisinsauce, 1 TL Sesamöl, 1 TL Reisweinessig & ein Kleks Misopaste vermengt.

648,7 Kalorien | 29,7g Fett | 26,4g Kohlenhydrate | 6g Zucker | 64,1g Eiweiß

Orangen mit Reis

4 Portionen – 35 Minuten Zubereitungszeit

Zutaten: 750 ml Wasser, 350 g weißer Reis, 3 EL Pflanzenöl, 2 Eier, 2 Knoblauchzehen (zermahlen), 1 EL Ingwer (zermahlen), 1 mittelgroße Karotte (hauchdünn geschnitten), 4 Frühlingszwiebeln (dünn geschnitten), 100 g Erbsen, 80 ml dunkle Sojasauce, 2 mittelgroße Orangen (geschält, in Stücken), 1 Prise Pfeffer, 1 Prise Salz

Zubereitung:

1. Wasser im Kochtopf erhitzen. Ggf. salzen.
2. Reis hinzugeben und zugedeckt bei kleiner Flamme 15- 18 Minuten köcheln.
3. Reis anschließend auf einem Bachblech auslegen und schnell abkühlen lassen.
4. Den Wok erhitzen. Öl hinzugeben.
5. Eier aufschlagen und im Öl anbraten. Durchmengen.
6. Orangen, Knoblauch und Ingwer in den Wok geben.
7. Karotten, Frühlingszwiebeln, Pfeffer und Salz hinzugeben. 2 Minuten brutzeln lassen.
8. Optional: Ein wenig Gemüse nach Wahl hinzugeben.
9. Reis hinzugeben und 3 Minuten brutzeln lassen.
10. Erbsen und Sojasauce in den Reis mengen; 1 Minute scharf anbraten.

Wer mag, kann noch zusätzlich 2-3 Hähnchenbrustfilets kleinschneiden und mit einem Schuss Curry bei Schritt 7 hinzugeben, um so aus einem relativ kalorienarmen „Snack" eine proteinhaltige Hauptmahlzeit zu machen.

277 Kalorien | 10,5g Fett | 40,2g Kohlenhydrate | 8,6g Zucker | 6,5g Eiweiß

Pak Choi mit Ingwer und Knoblauch

4 Portionen – 10 Minuten Zubereitungszeit

Zutaten: 1 EL Olivenöl, 2 Knoblauchzehen (zermahlen), 1 EL Ingwer (zermahlen), 240 g Pak Choi (geschnitten), 2 EL Sojasauce, 1 Prise Salz, 1 Prise Pfeffer, Ggf. ein paar Samen oder Nüsse nach Wahl

Zubereitung:

1. Öl im Wok erhitzen (mittlere Hitze).
2. Knoblauch und Ingwer hinzugeben. 1 Minute anbraten.
3. Sojasauce und Pak Choi hinzugeben. 3-5 Minuten anbraten, bis das Grün welk wird.
4. Salz und Pfeffer hinzugeben.
5. Vermengen und servieren.
6. Ggf. mit Sesamsamen oder Walnusskernen proteinreicher gestalten.

Wie man unschwer erkennen kann, enthält dieses Gericht nicht gerade viele Kalorien. Deswegen wird man in der Regel zumindest noch eine Beilage (z.B. Reisnudeln) oder ein paar Nüsse oder Samen dazu reichen – wir nutzen das Gericht also als Grundlage. Interessant wird die Speise alternativ auch dann, wenn man im Rahmen einer Diät abnehmen möchte und eine Mahlzeit braucht, die sättigt und dennoch wenige Kalorien hat. Unser Hungergefühl wird – teils zumindest – auch rein mechanisch über die Füllung des Magens bestimmt. Hierfür ist Gemüse wie der Pak Choi ideal, um den Magen zu füllen und so das Signal „satt" an den Körper zu senden.

45,3 Kalorien | 3,6g Fett | 6,1g Kohlenhydrate | 0,8g Zucker | 1,7g Eiweiß

Paprikashrimps

6 Portionen – 30 Minuten Zubereitungszeit

Zutaten: 500 ml Erdnussöl, 1 Prise Salz, 1 Prise Pfeffer, 500 g Mehl, 250 g Paniermehl, 1 kg Shrimps (geschält, entdarmt), 4 Eigelbe, 1 Liter Wasser, 2 EL Knoblauch, 2 EL Ingwer (zermahlen), 1 Frühlingszwiebel (geschnitten), 1 Jalapeno-Paprika (geschnitten)

Zubereitung:

1. Wok mit Öl erhitzen.
2. Paniermehl pfeffern und salzen. Shrimps panieren.
3. In einer Schüssel das Mehl mit Wasser und Eigelb vermengen.
4. Shrimps in das Mehlgemisch in der Schüssel tunken.
5. Als Nächstes die Shrimps im Wok 3 Minuten pro Seite anbraten.
6. Die Shrimps auf Küchenpapier abtropfen lassen.
7. Salzen und würzen.
8. Öl aus dem Wok entfernen, außer die restlichen ca. 100 ml. Darin nun die restlichen Zutaten kurz anbraten.
9. Die restlichen Zutaten nehmen und damit die fertigen Shrimps beträufeln. Fertig.
10. Servieren und genießen.

Statt Jalapeno (oder zusätzlich) kann man auch Serrano-Chili verwenden. Das Gericht an sich ist eine richtig intensive Hauptmahlzeit, weswegen keine Beilage nötig ist. Möchte man dennoch auf keine verzichten, eignet sich geschmacklich ein wenig gedünstetes Gemüse.

1407,2 Kalorien | 91,3g Fett | 95,1g Kohlenhydrate | 3,1g Zucker | 49,9g Eiweiß

Phat Thai

4-6 Portionen – 1 Stunde 5 Minuten Zubereitungszeit

Zutaten: 300 g Reisbandnudeln, 6 mittelgroße Eier, 60 ml Pflanzenöl, 2 EL Knoblauch (zermahlen), 2 EL Zwiebeln (gewürfelt), 100 g rote Paprika (spiralisiert), 60 g Erdnüsse (ohne Schale), 120 ml Fischsauce, 120 ml Sojasauce, 3 EL Zucker, 2 TL Thaiwürzmischung oder Fünf-Gewürze-Pulver, 100 g Bohnensprossen zur Dekoration, 2 EL Korianderblätter zur Dekoration, Wasser

Zubereitung:

1. Die Nudeln in lauwarmem Wasser 15 Minuten einweichen.
2. Dann die Nudeln in 5-6 cm große Stücke schneiden. Abtropfen.
3. Öl in Pfanne erhitzen. Eier aufschlagen und anbraten. Möglichst ganz lassen. Anschließend in mundgerechte Portionen schneiden bzw. aufteilen. Öl im Wok erhitzen.
4. Knoblauch, Paprika und Zwiebeln zwei Minuten sautieren.
5. Erdnüsse, Sojasauce, Fischsauce, Würzmischung und Zucker hinzugeben. Gut vermengen.
6. Nudeln hinzugeben und kurz 1-2 Minuten anbraten.
7. Nudelgericht servieren und die Eier sowie Bohnensprossen als Topping nehmen. Mit Koriander verfeinern.

Mit einer selbstgemachten Thai-Gewürzmischung schmeckt es noch besser:
3 TL Gewürznelken, 3 TL Fenchelsamen, 7 EL Koriander, 3 TL Kurkuma,
3 TL Paprika und ein wenig Zimtpulver vermengen. Eine Minute ohne Öl im Wok rösten und anschließend mit dem Mörser fein mahlen. Nährwerte auf
4 Portionen aufgeteilt berechnet.

484,3 Kalorien | 29,9g Fett | 37,9g Kohlenhydrate | 13,9g Zucker | 18,9g Eiweiß

Reis aus dem Wok

6 Portionen – 30 Minuten Zubereitungszeit

Zutaten: 500 ml Wasser, 225 g Reis

Zubereitung:

1. Wasser im Wok zum Kochen bringen.
2. Reis Stück für Stück hinzugeben und abdecken.
3. Bei mittlerer Hitze 15 Minuten köcheln lassen bzw. bis das Wasser absorbiert wurde.
4. Den Reis fünf Minuten ruhen lassen und servieren.

Kein Wok-Rezeptbuch kommt ohne DEN Klassiker aus. Natürlich wird kaum Jemand das Grundgericht einfach so nachkochen: Mein persönlicher Favorit sind im Kochtopf gekochte Kidneybohnen und ein wenig Currysauce (Zum Vermengen mit dem fertigen Reis) gepaart mit einigen Gewürzen. Dafür einfach die eingeweichten Kidneybohnen ca. eine gute Stunde bei mittlerer Hitze im Kochtopf kochen und mit dem fertigen Reis vermengen. Wenn es wirklich sehr schnell und doch sättigend sein soll, kann man, sobald das Wasser in Schritt 3 absorbiert wurde, eine handelsübliche Tiefkühlgemüsemischung (aufgetaut!) hinzugeben und mitsamt dem Reis anbraten.

48,8 Kalorien | 0,1g Fett | 10,6g Kohlenhydrate | 0,1g Zucker | 1g Eiweiß

Reis mit Apfel und Speck

4 Portionen – 25 Minuten Zubereitungszeit

Zutaten: 1 EL Pflanzenöl, 130 g Speckstreifen, 1 TL Zucker, 2 mittelgroße Äpfel (gewürfelt), 2 TL Sojasauce, 3 Knoblauchzehen (hauchdünn geschnitten), 1-2 cm Stück Ingwer (zermahlen), ½ TL Paprikaflocken, ½ Kopf Brokkoli (geschnitten), 1 kg weißer Reis, 60 ml Hühnerbrühe, 4 mittelgroße Eier, 1 Bund Brunnenkresse (entstrunkt, geschnitten), Etwas Chilisauce (Sriracha als Dip (ca. 3 EL)

Zubereitung:

1. Wok erhitzen.
2. Öl und Speck hinzugeben. 2 Minuten den Speck anbraten.
3. Den Speck mit Zucker beträufeln.
4. Einen halben TL Sojasauce hinzugeben und den Speck glasieren. Dauert ca. eine halbe Minute. Speck anschließend zur Seite stellen.
5. Knoblauch, Paprikaflocken und Ingwer im Wok 30 Sekunden anbraten.
6. Äpfel und Brokkoli hinzugeben. 3 Minuten brutzeln.
7. Reis, Brühe, Speck und restliche Sojasauce zugeben. Gut vermengen.
8. Eier aufschlagen und eine Minute mitbraten lassen. Alles gut vermengen. Mit dem Speck garnieren und die Brunnenkresse unterrühren. Servieren und genießen.

Bitte nicht die Brunnenkresse mit der Gartenkresse verwechseln. Die „echte" Brunnenkresse gibt es in der Regel im Baumarkt oder beim Gärtner zum Selbstpflanzen als Topfpflanze zu kaufen – zumindest im Frühjahr bzw. auf Anfrage. Zu anderen Jahreszeiten gilt: Gartenkresse als Alternative nehmen, wenn auch sich der Geschmack dadurch minimal verändern wird.

656,9 Kalorien | 19,9g Fett | 91,6g Kohlenhydrate | 14,4g Zucker | 26,1g Eiweiß

Reisnudeln mit Bohnensprossen und Shrimps

4 Portionen – 35 Minuten Zubereitungszeit

Zutaten: 240 g Reisnudeln, 60 ml Fischsauce, 3 EL Mandarinensaft, 2 EL Zucker, 3 EL Erdnussöl, 750 g Shrimps (geschält), 4 Knoblauchzehen (zermahlen), 2 Frühlingszwiebeln (geschnitten), 1 mittelgroßes Ei, 120 g Bohnensprossen, Eine Handvoll geröstete Erdnüsse (ca. 150 g), 1 mittelgroße Zitrone (in Stücke geschnitten), Eine Handvoll Korianderblätter

Zubereitung:

1. Backofen auf 50°C vorheizen.
2. Reisnudeln in warmen Wasser 30 Minuten einweichen lassen.
3. Abtropfen lassen.
4. In einer Schüssel Mandarinensaft, Fischsauce und Zucker vermengen.
5. Den Wok erhitzen.
6. Mit etwas Öl die Shrimps 2 Minuten anbraten.
7. Die Shrimps herausnehmen und im Backofen warmhalten.
8. Restliches Öl in den Wok geben und eine halbe Minute die Frühlingszwiebeln und den Knoblauch sautieren.
9. Das Ei aufschlagen und hinzugeben. Nudeln hinzugeben und gut vermengen.
10. Fischsaucenmixtur hinzugeben und vermengen.
11. Hälfte der Bohnensprossen und alle Erdnüsse hinzugeben. Scharf anbraten.
12. Shrimps hinzugeben und alles gut durchmengen.
13. Mit restlichen Bohnensprossen garniert servieren.

Wer die Mahlzeit ein wenig strecken möchte, kann mit einem Spiralschneider eine Zucchini spiralisiert hinzugeben. Eine Beilage ist aufgrund der gewählten Zutaten nicht nötig; wohl aber machen ein paar Tomatenscheiben und Mozzarellastücke (beides nur mit Pfeffer und Salz bestreut) eine gute Figur als salatiges Extra.

655,3 Kalorien | 32,3g Fett | 35,8g Kohlenhydrate | 108g Zucker | 56,9g Eiweiß

Wir können ohne Freunde leben und wohl auch ohne Bücher, doch eines kann der zivilisierte Mensch mit Sicherheit nicht: leben ohne Koch –
Owen Meredith Lytton

Rinderhalssteak mit Reis und Gemüse

4 Portionen – 30 Minuten Zubereitungszeit

Zutaten: 600 g weißer Reis als Beilage, 700 g Rinderhalssteaks/Nackensteaks, 120 ml Canolaöl (oder Rapsöl), 30 g Maisstärke, 1 EL Knoblauch(zermahlen), 2 EL Weißweinessig, 1 EL Ingwerpulver, 2 EL Sojasauce, 100 ml Orangensaft, Ein Brokkolikopf (in Röschen geschnitten), 100 ml Orangenmarmelade

Zubereitung:

1. Reis ganz normal als Beilage kochen.
2. Die Steaks ggf. dünn schneiden.
3. Öl im Wok erhitzen.
4. Steaks in Maisstärke panieren.
5. Im heißen Öl scharf anbraten. Eine Minute pro Seite.
6. Steaks beiseitestellen und Öl aus dem Wok entfernen.
7. In einer Schüssel Knoblauch, Marmelade, Ingwer, Essig, Orangensaft und Sojasauce vermengen.
8. Diese Mixtur in den Wok geben und zwei Minuten erhitzen.
9. Den Brokkoli hineinrühren.
10. Ungefähr 3-5 Minuten kochen, bis der Brokkoli in der Brühe weich wird.
11. Reis auf einem Teller mit den Steaks servieren. Die Mixtur aus dem Wok über den Reis und die Steaks geben. Fertig.

Vegetarier greifen als Alternative zu Tofu. Anstatt diesen dann in Maisstärke zu panieren, marinieren wir ihn (zu gleichen Teilen) mit Sojasauce, Sesamöl, Zucker, Salz, Pfeffer und einem Schuss Fischsauce. 30 Minuten einwirken lassen und dann kann das Kochen im Wok schon losgehen. Den Tofu nun ggf. würfeln und dann 5 Minuten im Wok in Öl goldbraun braten.

973,6 Kalorien | 48,6g Fett | 75,5g Kohlenhydrate | 18,7g Zucker | 58g Eiweiß

Sautierte Pilze mit Tofu

5 Portionen – 35 Minuten Zubereitungszeit

Zutaten: 450 g Tofu, 2 EL Olivenöl

Sauce: 200 ml Gemüsebrühe, 2 EL Hoisinsauce, 2 EL Sesamöl, 1 Lauch (dünn geschnitten), 1 Chilischote (dünn geschnitten), 250 g Speisepilzmischung (zu gleichen Teilen Steinpilze, Kräuterseitlinge und Pfifferlinge, halbiert), 6 Shiitakepilze (halbiert), 2 EL Maisstärke (in 1 EL Wasser aufgelöst)

Zubereitung:

1. Tofu längs halbieren und danach in gleichmäßig große Stückchen schneiden.
2. In einer Schüssel Gemüsebrühe, Öl und Hoisinsauce vermengen.
3. Olivenöl in einem Topf erhitzen.
4. Darin Tofustücke beidseitig schön braun anbraten, 1-2 Minuten pro Seite.
5. Wok erhitzen. Sesamöl hinzugeben.
6. Lauch, Chilischote und alle Pilze hineingeben.
7. Eine Minute scharf anbraten.
8. Gemüsebrühe-Öl-Hoisin-Gemisch hinzugeben.
9. Bei niedriger Hitze zugedeckt fünf Minuten köcheln lassen.
10. Maisstärke hinzugeben.
11. Weiterköcheln, bis alles sich eindickt. Gelegentlich umrühren. Anschließend die Tofustücke anrichten und mit dem Pilzsaucengemisch aus dem Wok übergießen.
12. Servieren und genießen.

Selbstverständlich kann man auch, wenn nicht zur Hand, bei diesem Gericht die eine oder anderen Pilzsorte weglassen oder durch eine andere ersetzen. Das Rezept soll zum Experimentieren anregen; steht Besuch an und man kennt dessen Essgewohnheiten nicht, sollte man dennoch lieber konservativ auf Champignons mit Shiitake setzen.

210,1 Kalorien | 13,9g Fett | 13,6g Kohlenhydrate | 5,1g Zucker | 10,4g Eiweiß

Die Entdeckung eines neuen Gerichts ist für das Glück der Menschheit von größerem Nutzen als die Entdeckung eines neuen Gestirns – **Jean Anthelme Brillat-Savarin**

Scharfe Schrimps mit Hühnchenwürze

4 Portionen – 35 Minuten Zubereitungszeit

Zutaten: 500 g Glasnudeln, Wasser, 120 ml Hühnerbrühe, 2 EL Sojasauce, 2 EL Maisstärke, 1 TL Paprikapulver, 1 EL Erdnussöl, 1 EL Ingwer, 4 EL Knoblauch (zermahlen), 750 g Shrimps (geschält und entdarmt), 1 Frühlingszwiebeln (fein geschnitten)

Zubereitung:

1. Nudeln mit kochendem Wasser übergießen (ggf. eine Prise Salz hinzugeben) und 10 Minuten ziehen lassen. Abtropfen und zur Seite stellen.
2. In der Zwischenzeit Hühnerbrühe, Maisstärke, Sojasauce und Paprikapulver vermengen.
3. Im Wok Öl erhitzen.
4. Knoblauch und Ingwer in den Wok hinzugeben. Eine Minute sautieren.
5. Shrimps hinzugeben und ca. 3 Minuten brutzeln.
6. Hühnerbrühenmischung hinzugeben und 2 Minuten weiterbrutzeln. Die Sauce sollte sich eindicken.
7. Hitze herunterfahren und Frühlingszwiebeln hinzugeben. Gut verrühren.
8. Shrimpsgemisch über die Glasnudeln geben und servieren.

Der Knoblauch gepaart mit dem Paprikapulver, der Sojasauce und dem Ingwer verleiht der Hühnerbrühe einen sehr intensiven Geschmack, der perfekt mit den Shrimps harmoniert. Die Glasnudeln gestalten die Mahlzeit recht kalorienarm trotz ordentlicher Eiweißwerte – also ideal zum Abnehmen.

399,1 Kalorien | 7,1g Fett | 36,2g Kohlenhydrate | 0,3g Zucker | 44,8g Eiweiß

Shrimps mit Kohl und Reis

4 Portionen – 30 Minuten Zubereitungszeit

Zutaten: 6 EL Erdnussöl, 2 Schalotten (dünn geschnitten), 1-2 cm Stück Ingwer (zermahlen), ½ Kohlkopf (dünn geschnitten), 1 Prise Salz, 2 Knoblauchzehen (zermahlen), 250 g Shrimps (geschält, entdarmt), 3 mittelgroße Eier, 800 g weißer Reis (gekocht), 80 g Erbsen, 3 EL Sojasauce, ¼ Frühlingszwiebel (geschnitten), 80 g Erdnüsse (ohne Schale, halbiert)

Zubereitung:

1. 2 EL Erdnussöl im Wok erhitzen.
2. Schalotten und Ingwer hinzugeben. Eine Minute sautieren.
3. Kohl hinzugeben und 8 Minuten anbraten.
4. Mit Salz abschmecken. Angebratenes Gemüse auf einem Teller beiseitestellen.
5. Wok mit 2 EL Erdnussöl erneut erhitzen. Darin Knoblauch eine Minute sautieren. Dann die Shrimps hinzugeben und 2-3 Minuten anbraten.
6. Ebenfalls beiseitestellen (zum Gemüse dazu).
7. Restliches Öl in den Wok geben und die aufgeschlagenen Eier darin brutzeln. Eidotter dabei vorerst ganz lassen.
8. Reis hinzugeben und mit den Eiern vermengen.
9. Zu den restlichen Zutaten geben und mit Sojasauce verfeinern.
10. Alles gut durchmengen und mit Erdnüssen sowie Frühlingszwiebelstücken garnieren. Servieren und genießen.

Sehr sättigend und doch nicht zu schwer im Magen. Vegetarier ersetzen die Shrimps mit Tempeh. Diesen genau wie ansonsten die Shrimps 2-3 Minuten anbraten, bis er schön knusprig geworden ist.

794,1 Kalorien | 36,9g Fett | 86,4g Kohlenhydrate | 8,2g Zucker | 42,7g Eiweiß

Sirloinsteak mit Reis

4 Portionen – 30 Minuten Zubereitungszeit

Zutaten: 250 g weißer Reis (gekocht), 500 ml Fleischbrühe, 2 EL Pflanzenöl, 750 g Sirloinsteaks, 2 grüne Paprika (gewürfelt), 1 mittelgroße Zwiebel (gewürfelt), 120 ml Sherry, 2 EL dunkle Sojasauce, 1 TL Gewürzmischung (nach Wahl oder Fünf-Gewürze-Pulver), 1 Prise schwarzer Pfeffer, 3 Frühlingszwiebeln (dünn geschnitten), Eine Handvoll Rauchmandeln (ca. 100 g), 1 EL Maisstärke

Zubereitung:

1. Reis ganz normal als Beilage kochen.
2. Fleischbrühe in einem Topf bei niedriger Flamme erwärmen.
3. Wok erhitzen und Öl hinzugeben. Sobald das Öl heiß ist, das Fleisch hineingeben.
4. 3 Minuten beidseitig anbraten, danach aus dem Wok entfernen.
5. Nun Zwiebeln und Paprika 2 Minuten im Wok anbraten.
6. Jetzt das Fleisch wieder in den Wok geben und mitsamt Sherry 1 Minute scharf anbraten.
7. Sojasauce, Pfeffer und Gewürzmischung hinzugeben. Maisstärke mit Fleischbrühe vermengen und in den Wok geben. Umrühren, bis sich die Sojasauce eindickt. Bei Bedarf nachsalzen.
8. Anschließend den Wokinhalt in tiefe Teller geben. Reis als Topping. Mit Frühlingszwiebeln und Mandeln garnieren - genießen.

Statt zu Reis kann man das Gericht auch zu Kartoffeln servieren. Auch Pommes Frites sind eine schmackhafte Beilage, wenn man eine Fritteuse sein Eigen nennt. Als Gewürzmischung empfiehlt sich Fünf-Gewürze-Pulver oder Knoblauchgewürz.

625,1 Kalorien | 25,7g Fett | 33g Kohlenhydrate | 7,6g Zucker| 67g Eiweiß

Taschenkrebs aus dem Wok

6 Portionen – 30 Minuten Zubereitungszeit

Zutaten: 350 ml Fischbrühe, 50 ml dunkle Sojasauce, 2 EL Zitronensaft, 120 ml Sherry, 60 g Schwarze Bohnen, 80 g Cashews, Eine Handvoll Korianderblätter, Ein Pfund Krabbenfleisch, 1 EL Maisstärke (mit 2 EL Wasser vermengt), 60 ml Erdnussöl, 5 Knoblauchzehen (zermahlen), 1 TL Ingwer (zermahlen), 1 Chilischote, 4 Taschenkrebse (in Stücken und geputzt), 6 Pak- Choi-Köpfe (halbiert und gedünstet)

Zubereitung:

1. Fischbrühe, Zitronensaft, Soja, Sherry, Cashews, Bohnen und Koriander in einen Topf geben.
2. 5 Minuten köcheln lassen.
3. Krabbenfleisch und Maisstärke (mit Wasser vermengt) hinzugeben. Hitze erhöhen und eine Minute aufkochen.
4. In der Zwischenzeit Erdnussöl im Wok erhitzen.
5. Ingwer, Knoblauch, Krabbenstücke und Chili in den Wok geben. 4 Minuten braten.
6. Zum Schluss Wok- und Kochtopfinhalt vermengen und mit Pak-Choi dekorieren. Genießen.

Als Alternative zum Krabbenfleisch bietet sich Surimi an, eine feste Masse aus zerkleinertem Fisch. Böse Zungen würden sagen, dass es sich um eine „Variante von Fischstäbchen" handelt; andere hingegen schwören auf den Geschmack. Wichtig: Bei Krabbenfleisch aus der Tiefkühlecke auf einen möglichst NIEDRIGEN Surimianteil achten, da es gerne aus Kostengründen zum Strecken verwendet wird. Im Idealfall die Krabben an der Frischetheke kaufen.

437,4 Kalorien | 18,4g Fett | 31,7g Kohlenhydrate | 12,6g Zucker | 42,2g Eiweiß

Thaishrimps

Zutaten: 240 g Thailändische Reisnudeln, 60 ml Fischsauce, 50 g Zucker, 2 EL Chilisauce, 2 EL Zitronensaft, 60 ml Pflanzenöl, 1 Pfund Shrimps (im Schmetterlingsschnitt, also geschnitten wie ein Wiener Schnitzel), 4 Knoblauchzehen (zerhackt), 1 Tofublock (ca. 200 g, kleingeschnitten), 6 Radieschen (geschnitten), 4 Frühlingszwiebeln (geschnitten), Eine Handvoll Erdnüsse (geröstet und gesalzen, ca. 70 g), 200 g Bohnensprossen, 2 Jalapeno- Paprika (geschnitten)

Zubereitung:

1. Nudeln in einer Schüssel in warmen Wasser 10 Minuten einweichen.
2. Fischsauce, Chilisauce, Zucker und Zitronensaft in einer anderen Schüssel vermengen.
3. Nudeln abtropfen. Wok erhitzen.
4. Pflanzenöl und Shrimps in den Wok geben. 2 Minuten scharf anbraten.
5. Mit einer Schaumkelle die Shrimps in eine Schüssel geben.
6. Öl im Wok lassen. Knoblauch und Tofu im Wok goldbraun anbraten.
7. Nudeln und ein wenig Fischsauce hinzugeben. Anbraten, bis die Nudeln die Fischsauce aufgesogen haben. Dauert ca. 3 Minuten. Bei Bedarf etwas Wasser hinzugeben, damit die Nudeln nicht austrocknen.
8. Frühlingszwiebeln, Radieschen und Erdnüsse zugeben. Gut durchmengen.
9. Fischsaucenmixtur aus der Schüssel hinzugeben und einrühren. Shrimps erneut 2 Minuten im Wok erhitzen.
10. Anschließend alles auf einem Teller anrichten und mit Bohnensprossen sowie Jalapenostücken garnieren. Genießen.

Für den Schmetterlingsschnitt: Die Shrimps auf eine harte Unterlage legen und mit der flachen Hand von oben festhalten. Mit einem scharfen Messer nun horizontal fast durchgehend schneiden. Kurz vor dem kompletten Durchschneiden aufhören, sodass man die einzelnen Shrimps jeweils „aufklappen" kann – wie eben beim Wiener Schnitzel. Das kann bei den Shrimps anfangs gewöhnungsbedürftig sein, hilft aber, um ein dünnes "Schnitzel" am Stück im Wok verarbeiten zu können.

574 Kalorien | 27,6g Fett | 42,4g Kohlenhydrate | 18,1g Zucker | 40,4g Eiweiß

Eine gute Küche ist das Fundament allen Glücks –
George Auguste Escoffier

Thai-Shrimps-Curry

4 Portionen – 1 Stunde 45 Minuten Zubereitungszeit (reine Kochzeit: 30 Minuten)

Zutaten: 2 EL Erdnussöl, 2 Frühlingszwiebeln (geschnitten), 1 rote Paprika (in Streifen geschnitten), 2 Karotten (hauchdünn geschnitten), 2 TL Knoblauch (zermahlen), 3 EL rote Currypaste (fertige oder selbstgemachte), 2 EL Fischsauce, 2 TL brauner Zucker, 1 Dose Kokosnussmilch (ca. 250 ml), 1 Pfund Shrimps (geschält, entdarmt), 3 El Basilikumblätter (geschnitten), 3 EL Lorbeerblätter (geschnitten)), Optional: Jasminreis als Beilage (Menge nach Wahl)

Currypaste (wenn selbst gemacht): 12 Thai-Chili-Schoten (mindestens 30 Minuten eingeweicht), 1 EL Koriandersamen, 1 TL schwarze Pfefferkörner, 3 Zitronengrasstangen (fein zermahlen), 3 EL Ingwerwurzel (zermahlen), 2 EL Koriander (zermahlen)

Zubereitung:

1. Im Wok das Öl erhitzen.
2. Paprika, Frühlingszwiebeln, Knoblauch und Karotten hinzugeben. 3 Minuten anbraten.
3. Currypaste hinzugeben. 30 Sekunden kochen.
4. Fischsauce und Zucker hinzugeben.
5. Kokosnussmilch hinzugeben und zum Kochen bringen.
6. Köcheln lassen, bis sich diese nach ca. 2 Minuten eindickt.
7. Shrimps hinzugeben und ca. 2 Minuten kochen.
8. Wokinhalt mit Lorbeer- und Basilikumblättern vermengen (wird mitgegessen, deshalb schön fein schneiden oder mahlen!).
9. Optional: Mit Reis als Beilage servieren und genießen.

Für die selbstgemachte Currypaste die Zutaten nach dem Vermengen ggf. mit einem Mörser zu einer einheitlichen Masse zermahlen, sofern noch nicht geschehen. Hält sich rund 4-6 Wochen im Kühlschrank. Nährwerte auf 4 Portionen berechnet. Lorbeerblätter sehr fein mahlen/schneiden, da diese hier mitgegessen werden.

267,5 Kalorien | 10,3g Fett | 12,8g Kohlenhydrate | 6,1g Zucker | 30,5g Eiweiß

Ein guter Koch ist der gewandteste Kuppler, ein flinker Kellermeister der beste Versöhner. Bei reichbesetzter Tafel ordnet sich Alles – **Heinrich Martin**

Tofu mit Orange

4 Portionen – 25 Minuten Zubereitungszeit

Zutaten: 200 g weißer Reis, 3 EL Hoisinsauce, 2 EL Balsamicoessig, 1 EL Chilisauce, 2 TL Maisstärke, 2 EL Sesamöl, 4 Frühlingszwiebeln (das Grüne vom Weißen separiert), 2 Knoblauchzehen (zermahlen), 1 TL Ingwerpulver, 120 g Kefe, 1- 2 Tofublöcke (ca. 200 g, geschnitten), Fruchtfleisch zweier Orangen, Wasser

Zubereitung:

1. Reis ganz normal kochen.
2. Sojasauce, Essig, Hoisinsauce, Maisstärke und Chilisauce mit etwas Wasser in einer Schüssel vermengen.
3. Wok erhitzen. Öl hinzugeben.
4. Frühlingszwiebeln (das Weiße), Ingwer und Knoblauch darin 30 Sekunden scharf anbraten.
5. Pilze und Orangen hinzugeben. Ungefähr 3 Minuten anbraten.
6. Kefe hinzugeben und 30 weitere Sekunden anbraten.
7. Sojasaucenmixtur aus der Schüssel in den Wok geben. Ein wenig köcheln lassen und Tofu hineingeben. Ca. 2-5 Minuten dafür einplanen.
8. Mit Frühlingszwiebeln (das Grüne) beträufeln und alles über den Reis geben. Fertig.

Wer es fleischhaltiger mag, ersetzt den Tofu z.B. mit mundgerecht geschnittenem Putenbrustfilet. Wichtig dabei ist, dass man eine relativ geschmacksneutrale Fleischsorte verwendet, damit der „eigentlich" gewünschte Flair der Speise von den Saucen, der Kefe und den Orangen richtig durchkommt.

245,2 Kalorien | 9g Fett | 39,8g Kohlenhydrate | 12,6g Zucker | 7,1g Eiweiß

Tofu mit Reis

Zutaten: 3 EL Sesamöl, 1 Tofublock (in Stücke geschnitten, ca. 200 g), Eine Handvoll Champignons (geviertelt, ca. 70 g), 2 EL Paprikaflocken, 2 EL Reisweinessig, 1 Karotte (spiralisiert), 1 Pak Choy (geviertelt), ½ gelbe Paprika (geschnitten), 3 Frühlingszwiebeln (geschnitten), 2 EL Sojasauce, 3 EL Austernsauce, 2 mittelgroße Eier, 400 g Reis als Beilage

Zubereitung:

1. Tofumarinade vorbereiten: In einer Schüssel den Tofu, etwas Sojasauce, Paprikaflocken und Reisweinessig vermengen. Gut verrühren und 10 Minuten einwirken lassen.
2. Wok auf mittlere Hitze erhitzen.
3. 2 EL Sesamöl und Tofu in den Wok geben. Zwei Minuten kochen.
4. Karotten, Pilze, Pak Choi, Frühlingszwiebeln und Paprika hinzugeben.
5. Das Gemüse kurz anbraten.
6. Soja- und Austernsauce hinzugeben. Gut vermengen.
7. 5 Minuten kochen lassen.
8. Restliches Öl hinzugeben und Eier aufschlagen.
9. Eier verrühren und kurz mit dem Beilagenreis in den Wok geben. 1-3 Minuten anbraten. Fertig.

Als Alternative zu Pak Choy eignen sich sowohl Mangold, Chinakohl als auch Spitzkohl. Insbesondere beim Mangold verändert sich der Geschmack des Gerichtes deutlich, was durchaus als interessante Variation lecker schmeckt. Nährwerte auf 4 Portionen berechnet.

344,3 Kalorien | 14,8g Fett | 39,9g Kohlenhydrate | 6,8g Zucker | 14,3g Eiweiß

Teil 2 – Tipps und Extras

Anbei folgen einige Seiten erläuternde Tipps, Tricks und Hinweise rund um das Kochen mit dem Wok.

Die Wahl des richtigen Wok

Ob 36 cm, 40 cm oder gar ein kleiner 28er ist hauptsächlich eine Frage des Geschmacks und der eigenen Küche. Hier kann man also nach dem gehen, was einem persönlich besser liegt. Tendenziell sind kleinere Woks aufgrund des niedrigen Gewichts einfacher zu schwenken – insbesondere bei induktionsgeeigneten Woks spürt man es schnell in den Armen, wenn das Utensil zu viel wiegt. Wer sich nicht sicher ist, greift zu 32 oder 36 cm.

Einige grundsätzliche Tipps zu den verschiedenen Wokarten, die im Handel üblich sind:

Der Stahlwok mit flachem Boden:

- Guter Allrounder
- Relativ leicht, dadurch einfache Handhabung
- Kann durch richtiges Einbrennen zu Hause antihaftbeschichtet werden, was den Speiseölverbrauch beim Kochen senkt und trotzdem hohe Temperaturen erlaubt
- Erhitzt sich schnell
- Kühlt schnell ab
- Der flache Boden vergrößert die Heizfläche, was gerade bei Nicht-Gasherden von Vorteil ist, da diese in der Regel nicht ganz so hohe Temperaturen erreichen und das dadurch ausgeglichen werden kann
- Singlehaushalte greifen zum 32 cm-Modell, Familien zu 36 cm

Der rund-geformte Stahlwok:

- Verfügt in der Regel über zwei Griffe, was die Handhabung deutlich vereinfachen kann
- Benötigt einen Wokring für stabilen Halt, da die Pfannenform rund ist
- Für Fortgeschrittene Woknutzer auf dem Gasgrill ideal; Einsteiger greifen zur Version mit flachem Boden

Der Wok aus Gusseisen:

- Sehr hohes Gewicht
- Braucht lange zum Aufheizen
- Hält im Gegenzug die Wärme länger
- Sehr nützlich zum Dämpfen
- Hat aufgrund der langen Aufheizzeit Nachteile beim scharf anbraten

Der ab Werk antihaftbeschichtete Wok:

- Für Einsteiger und selten mit dem Wok kochende praktisch, da man den Wok quasi nicht Einbrennen muss bzw. der Pflegeaufwand geringer ist
- Aufgrund der Beschichtung erreicht man keine ganz so hohen Temperaturen, was das Anbraten erschwert

Der elektrische Wok:

- Eindeutig ein Nischenprodukt; ähnlich wie z.B. eine Camping-Induktionsherdplatte nur in bestimmten Situationen empfehlenswert, z.B. wenn kein anderes Küchengerät vorhanden ist

Der induktionsgeeignete Wok:

- Ist in der Regel antihaftbeschichtet
- Ermöglicht Wokgerichte passabel auf einem Induktionsherd zuzubereiten
- In der Regel „nicht Pfanne, nicht Wok", da die Bodenfläche technisch bedingt vergleichsweise groß und flach sein muss sowie das Schwenken deutlich weniger gut von der Hand geht wie z.B. bei einem Gasherd
- Geeignet für Personen, die entweder einen Induktionsherd haben ODER platzsparend ein 2in1-Utensil haben möchten, welches auch als klassische Pfanne eine gute Figur macht

Wenn der Mensch einen vollen Magen hat, macht es keinen Unterschied, ob er reich oder arm ist – **Euripides**

Den Wok richtig einbrennen

Ein neuer Stahl- oder Gusseisenwok sollte unbedingt vor dem ersten Kochen eingebrannt werden. Auf keinen Fall darf man einen elektrischen- oder antihaftbeschichteten Wok einbrennen! Beim Einbrennen eines Wok sehr vorsichtig vorgehen, um sich nicht selbst Verbrennungen (z.B. durch Ölspritzer) zuzufügen!

Der Sinn des Einbrennens ist, dass dabei in nur gut einer Minute eine natürliche „Antihaftbeschichtung" erreicht wird. Zusätzlich kann man im Gegensatz zu z.B. einer Teflonbeschichtung weiterhin sehr hohe Temperaturen erreichen, was das knusprige Anbraten erleichtert. Zusätzlich benötigt ein gut eingebrannter Wok weniger Öl beim Kochen.

Vorgehen:

1. Den neuen Wok vorsichtig mit Seifenwasser oder Spülmittel + Wasser auswaschen. Mit einem Scheuerlappen die zumeist leicht ölige Oberfläche putzen. Wir entfernen hierbei die Konservierungsölschicht, welche bei der Produktion des Utensils aufgetragen wurde und nun für den Alltagsbetrieb entfernt werden muss.
2. Anschließend mit sauberem Wasser abspülen.
3. Den Wok auf den Herd (ggf. mit Wokring) stellen und trocken auf sehr hohe Temperatur erhitzen.
4. Sobald der Wok heiß ist, vorsichtig von der Hitze nehmen und einige Esslöffel Erdnussöl (funktioniert dafür am besten) sehr vorsichtig hineingeben. Das Öl möglichst gleichmäßig im Wok verteilen. Ggf. mit einer Spülbürste (die man danach natürlich auswaschen muss) das Öl über die gesamte Oberfläche verteilen.

5. Nun geben wir den Wok wieder auf den Herd – maximale Hitze. Die Fenster weit öffnen, denn nun wird das Öl anfangen zu rauchen. Lassen Sie den Wok rund fünf Minuten in der Hitze brutzeln.

6. Anschließend vom Herd nehmen und bei Raumtemperatur abkühlen lassen.
7. Nachdem der Wok abgekühlt ist, erhitzen wir ihn erneut auf maximale Stufe auf dem Herd, ohne jetzt neues Öl nachzugießen. Dadurch erreichen wir, dass die Ölschicht sich „fest" in die Wokoberfläche einbrennt – und die gewünschte Beschichtung bildet. Wieder abkühlen lassen.
8. Nun ist der Wok erneut abgekühlt und wir wiederholen die Schritte 4 bis 7, diesmal mit etwas weniger Öl – wenn nötig auch mehrfach.
9. Der Wok ist perfekt eingebrannt, wenn die Oberfläche dunkler und leicht glänzend geworden ist.
10. Nach dem Einbrennen eine Zwiebel mit etwas Olivenöl im Wok glasig dünsten. Dies sorgt dafür, dass unerwünschte Restdüfte vom viel angenehmeren Zwiebelaroma dauerhaft verdrängt werden.

Diesen Einbrennvorgang einmal im Jahr oder wenn der typische Ölverbrauch beim Kochen steigt erneuern. Keine Sorge: Ein schonmal eingebrannter Wok benötigt meistens nur einen Durchlauf der Schritte 4 bis 7.

Die korrekte Wokpflege

Das ein neuer Wok (sofern nicht antihaftbeschichtet) eingebrannt werden muss, haben wir schon gesehen. Dass dieser Einbrennvorgang zumindest jährlich wiederholt werden sollte, gehört streng genommen schon zur laufenden Pflege.

Zusätzlich gilt, dass…

…es einem neuen Wok gut tut, wenn man ihn die ersten Wochen hauptsächlich zum Anbraten nimmt – das fördert die Festigung der Einbrennschicht/Schutzschicht – auch bei ab Werk beschichteten Modellen.

…man immer zuerst den Wok erhitzt und erst dann das Öl (natürlich vorsichtig) zugibt. Dadurch senkt man das Risiko, dass doch mal etwas im Wok festbrennt oder klebt.

…ein eingebrannter Wok nicht mit Seife gewaschen werden sollte. Seife ist fettlöslich, zerstört also unsere sorgfältig mit Öl eingebrannte Schicht. Lieber mit lauwarmen Wasser und einer Bürste oder einem Schwamm auswischen.

…es ebenso schlecht für die (eingebrannte) Schutzschicht ist, wenn man an der Oberfläche herumschabt. Im Zweifel, wenn z.B. etwas eingebrannt ist, lieber den Wok stark erhitzen und das Festgebrannte wie im Pyrolyseofen verkohlen, sodass man es einfach wegwischen kann. Das gilt auch für ab Werk antihaftbeschichtete Woks.

…eine Stahlbürste oder Ähnliches niemals zur Pflege eines Wok verwendet werden sollte. Nur auf der Außenseite kann man damit ggf. starke Verschmutzungen angehen, aber niemals auf der Kochseite.

…ein Wok nach dem Kochen zeitig gesäubert werden sollte, bevor sich überhaupt Speisereste festsetzen können.

…es ebenso wichtig ist, den Wok nicht nach dem Kochen zu lange der Feuchtigkeit auszusetzen, um Rost zu vermeiden. Das heißt nach dem feuchten Abwischen gleich mit einem Geschirrtuch abtrocknen.

…je öfter ein Wok genutzt wird, desto mehr reicht es in der Praxis mit einem leicht angefeuchteten Tuch über die Oberfläche zu wischen.

…je seltener der Wok genutzt wird, desto eher muss man die Schutzschicht pflegen. Nach Benutzung und Reinigung des Wok dafür diesen mit einem halben Esslöffel Erdnussöl einfetten und verstauen.

…man mit einer Mischung aus Pflanzenöl (2 EL) und Fleur de Sel (1 EL) sowie einem weichen Tuch die Kochfläche des Wok vorsichtig einreiben kann; quasi als Peeling und Pflege. So spart man sich die Nutzung aggressiver Chemieprodukte beim Pflegen. Ggf. die Salzreste mit einem Schwamm wegwischen.

…auch wenn die Versuchung groß ist, ein Wok nicht in die Spülmaschine gehört. Auch wenn auf der Verpackung „spülmaschinengeeignet" steht: Letztendlich bedeutet das nur - salopp formuliert - dass man das Utensil „mal" in die Spülmaschine geben kann, ohne dass es danach sofort kaputt ist. Die Ausnahme bilden ausschließlich als „spülmaschinenfest" deklarierte Produkte. Nur diese sind vom Hersteller konkret freigegeben worden dauerhaft in der Spülmaschine gereinigt werden zu können.

Allgemeine Woktipps

- Sehr viel Gemüse verwenden: Es klingt zwar manchmal wie ein Klischee, doch gerade der Wok ist dafür prädestiniert, Gemüse zauberhaft lecker zuzubereiten. Selbst eingefleischte Fleischesser die sonst Brokkoli und Co. Verschmähen, können bei angebratenem Gemüse aus dem Wok selten Nein sagen. Es ist übrigens im Alltag vollkommen in Ordnung, wenn man fertige Tiefkühlgemüsemischungen verwendet. Dank der heutigen Schockgefriertechniken ist dieses Gemüse oft besser (!) als manches frische.

- Dämpfeinsatz kaufen: Ein Bambusdämpfer ermöglicht, wie auch hier im Buch in einigen Rezepten, ganz neue Einsatzmöglichkeiten. Gleichzeitig spart man sich ein weiteres Küchengerät, da man damit alltagstauglich einen Dampfgarer ersetzen kann. Ideal, wenn man nur ab und zu dämpfen will.

- Wokgerichte leben von den Gewürzen: Kräuter, Saucen und Co. entfalten ihr Aroma insbesondere bei starker Erhitzung, wie es im Wok geschieht. Deshalb an dieser Stelle nicht geizen.

- Würzen, nicht salzen: Aus dem vorherigen Punkt ergibt sich, dass man ganz elegant – sofern gewünscht – das Salz (fast) komplett weglassen kann, ohne an Geschmack einzubüßen. Selbiges gilt auch für Zucker.

- Der Wok als Resteverwerter: Salzkartoffeln vom Vortag übrig? Diese lassen sich auch im Wok gut anbraten. Gepaart mit zwei Eiern und ein wenig Restgemüse sowie Gewürzen hat man schnell eine vorzügliche Hauptmahlzeit gezaubert.

Wichtige Zutaten

Folgende Zutaten sollte man im Idealfall im Haus haben. Diese lassen sich in der Regel fast in jedem Wokgericht nutzen – auch und insbesondere bei Eigenkreationen. Auch andere Bücher zum Thema Wok setzen oft die genannten Zutaten voraus.

Knoblauch: Egal ob in Form von Knoblauchzehen oder als Pulver; Knoblauch muss immer im Haus sein.

Schnittknoblauch: Der Name ist Programm – geschmacklich eine Mischung aus Schnittlauch und Knoblauch. Ideal zur Dekoration oder Verfeinerung von Speisen.

Ingwer: Pulver ist hier vollkommen in Ordnung. Alternativ eine Ingwerwurzel kaufen und schälen. Anschließend kleinschneiden und einfrieren. So hat man immer eine lang haltbare Reserve.

Bärlauch: Belebend-scharfer Geschmack. Frisch gepflückt eine gute Ergänzung.

Chilisauce: In fast jedem Gericht nötig. Viele Saucen enthalten noch Knoblauch, sodass man diesen ggf. als separate Zutat weglassen kann. Darauf achten, dass die Fertigsauce nicht unnötig viel Zucker enthält. Alternativ: Selbst machen!

Chilischoten: Universelle Scharfmacher. Als Ganzes, in Stücken oder auch als Samen verwendbar. Faustregel: Je kleiner die Chilis, desto schärfer.

Maisstärke: Panieren, Marinieren, Eindicken – die traditionelle Zutat der Wahl für diese Aufgaben im Wok. Für Allergiker oft verträglicher als anderen Stärken.

Fischsauce: Für Wokgerichte auch unter dem thailändischen Namen „Nam Pla" bekannt, gibt es diese in zahlreichen Variationen. Hauptsächlich als Geschmacksverstärker nützlich.

Basilikum: Nicht nur in der mediterranen Küche ein Genuss.

Bambussprossen: Gerade bei vegetarischen Speisen aufgrund ihrer knackigen Konsistenz (auch beim Kauen) beliebt. Auch bei Fleischgerichten eine vorzügliche Beimischung.

Bohnensprossen: Nussig, knackig – einfach lecker.

Kokosmilch: Nicht nur für laktoseintolerante Menschen eine Alternative zur Kuhmilch. Gerade in der asiatischen Küche sehr beliebt.

Nudeln und Nudelersatzprodukte: Speziell als Woknudeln im Handel ausgeschriebene Produkte sind im Alltag als Grundstock ausreichend. Mit Eiernudeln, Reisnudeln und Glasnudeln ist man zu Hause sehr gut ausgerüstet.

Fünf-Gewürze-Pulver: Besteht aus Anis, japanischem Pfeffer, Zimt, Fenchel und Gewürznelken – manchmal kommt auch Ingwer und Lorbeer hinzu.

Eine typisch asiatische Gewürzmischung für den Wok – vom Stellenwert vergleichbar wie bei uns Senf und Majo für die Bratwurst.

Koriandergrün: Was bei uns die Petersilie, ist in asiatisch (angehauchten) Wokgerichten das Koriandergrün.

Petersilie: Als Alternative zum Koriandergrün.

Frühlingszwiebeln: Die geschmacklich mildere Schwester der handelsüblichen Zwiebel. Auch als grüner Farbtupfer in Gerichten beliebt.

Hoisinsauce: Süßliche Sauce mit einer Salznote aus der asiatischen Küche. Ideal für Fleischgerichte oder als Zutat für Dips.

Reis: Es gibt gefühlt unzählige Reissorten. Weißer Reis sollte immer im Haus sein. Mit ein wenig Basmatireis (für Currys) und Jasminreis (für Thaigerichte) in Reserve ist man schon gut aufgestellt.

Austernsauce: Oft auch Oystersauce genannt. Salzig-fisch im Geschmack und als Würze und zum Marinieren geeignet.

Erdnussöl: Sehr hitzebeständig und mit hohem Rauchpunkt. Verleiht der Speise ein leicht nussiges Aroma.

Rapsöl: Weniger hitzebeständig wie Erdnussöl, aber oft ausreichend. Hat einen deutlich schwächeren Eigengeschmack.

Canolaöl: Rapsölzüchtung, die sehr hitzebeständig ist. Teils gesundheitlich umstritten, da dem Öl „heilende Kräfte" und „Genmanipuliertes Zeug" nachgesagt werden – je nach Blickwinkel. Für uns wichtig ist: In Maßen im Alltag verwendbar.

Sesamöl: Hitzebeständig dank des hohen Rauchpunktes, allerdings ein wenig geringer als Erdnussöl – dafür feiner im Geschmack.

Sambal Oelek: Sehr scharfe Würzpaste mit Chili.

Sambal Manis: Der geschmacklich mildere, süßere Bruder von Sambal Oelek.

Pflanzenöl: Im Zweifel immer tauglich, dafür in der Regel ohne ausgeprägten Eigengeschmack.

Ölblends: Häufig findet man im Asiageschäft Ölmischungen, zumeist auf Erdnuss-Sesam-Basis. Ruhig ausprobieren, aber darauf achten, dass das Produkt nicht durch Zucker oder andere eventuell unerwünschte Zusätze gestreckt wurde.

Reisweinessig: Kalorienarm, milder und deutlich süßer als unser handelsüblicher Küchenessig.

Reiswein: Wird aus Reis gewonnen und nicht Weintrauben, wie der Name suggerieren könnte. In der Anwendung vergleichbar mit unserem Kochwein.

Sojasauce allgemein: Für gewöhnlich sollte man zwei Varianten im Haus haben. Einmal die dunkle Sojasauce, die dickflüssiger und süßer schmeckt. Hinzu kommt die helle Sojasauce, die salziger schmeckt. Sofern nicht extra erwähnt, ist in unseren Breiten mit „Sojasauce" die helle gemeint.

Schwarze Bohnensauce: Wird aus fermentierten Schwarzen Bohnen hergestellt und zumeist mit Knoblauch und Sojasauce verfeinert. Ideal zum Anbraten oder als Grundlage für eigene Saucenkreationen.

Pak Choi: Dem Chinakohl durchaus ähnlich, lässt sich das Gemüse sehr gut im Wok anbraten. Auch Suppen und sogar (Beilagen-)Salate gelingen damit gut. Der Hauptvorteil ist seine praktische, handliche Größe – sodass keine Reste übrigbleiben, die versorgt werden müssen.

Pilze: Zumeist kauft man diese im Asialaden getrocknet und sollte sie vor dem Kochen in Wasser einweichen. Shiitake und Speisechampignons sind in unseren Breiten die üblichen Vertreter für den Wok. Besonders passend bei Fleischgerichten.

Zitronenblätter: Verleihen den Gerichten eine zitrusfruchtige Note.

Zitronengras: Wir verwenden nur den helleren, unteren Teil.

Tofu: Der Allrounder und mehr als nur ein Fleischersatz. Sollte man immer parat haben, da er zu allen Arten von Wokgerichten passt. Soll der Tofu beim Kochen nicht zerbröseln, greift man zur sehr festen Variante bzw. dem Räuchertofu. Im Gegensatz dazu ist der Seidentofu schön weich und lässt sich gut in der Speise verteilen/auflösen.

Wasserkastanien: Pikant und süß.

Es schmeckt nirgends besser als am eigenen Tisch
– **Holländisches Sprichwort**

Nützliche Küchenutensilien

Bambusdämpfer: Ermöglicht das Dampfgaren im Wok. Gerade große Dämpfer mit mehreren Etagen können durchaus einen separaten Dampfgarer ersetzen. Das spart Platz in der Küche. Wer schon einen Dämpfer anderweitig hat (z.B. im Reiskocher oder als eigenes Gerät), kann auf das Bambusutensil verzichten.

Reiskocher: Nur im Reiskocher lässt sich der Reis mit einer richtig herrlichen Kruste anrichten – Tadik genannt. Entsprechend auf ein Modell mit dieser Funktion achten. Des Weiteren erleichtert es die Reiszubereitung enorm, gerade auch wegen der Warmhaltefunktion. Manche Geräte haben auch eine Dampfgarerfunktion und können somit den Bambusdämpfer ersetzen.

Küchenzange: Möglichst lang und natürlich hitzeresistent.

Saibashi: Lange Stäbchen aus Holz. Salopp formuliert einfach länger als die bekannten asiatischen Essstäbchen. Da sie aus Holz sind, läuft man weniger Gefahr die Wokoberfläche ausversehen zu zerkratzen. Dieses japanische Utensil gibt es im Asialaden.

Pfannenspatel: Wie bei der Küchenzange, wohl in jedem Haushalt vorhanden.

Hobel: Gehört wohl zum Standardrepertoire fast jeder Küche und hilft beim Schneiden von Gemüse.

Sieblöffel: Zum Abschütten, Heben und Absieben von Lebensmitteln aus heißem Fett oder Wasser.

Schlitzlöffel: Ganz praktisch beim Anbraten.

Chopper: Sehr scharfes Küchenmesser zum Schneiden.

Hackebeil: Praktisch zum Durchschneiden und Schnetzeln. Gerade bei Gemüse nützlich, da man es schneiden und mit der breiten Klinge quasi in einem Zug direkt in den Wok geben kann.

Wokdeckel: Sehr wichtig, um manche Gerichte perfekt zubereiten zu können. Sollte natürlich auf den eigenen Wok passen

Schneidebrett aus Bambus: Für den richtigen Flair die geeignete Arbeitsunterlage.

Küchenmörser: Wer Gewürzmischungen selbst zubereitet, sollte unbedingt auf frische Gewürze zurückgreifen. Diese müssen dann entsprechend mit einem Mörser zerstoßen und zermahlt werden.

Ein paar Gewürzmischungsideen

Einige Vorschläge für selbstgemachte Gewürzmischungen – möglichst mit in Mitteleuropa gängigen Zutaten.

Selbstgemachte Garam Masala-Gewürzmischung

Zutaten

- 1 Esslöffel Kreuzkümmel
- 1 ½ Teelöffel Koriander
- 1 ½ Teelöffel Kardamom
- 1 ½ Teelöffel Pfeffer
- 1 Teelöffel Zimt
- ½ Teelöffel Gewürznelken – gemahlen
- ½ Teelöffel Muskat

Zubereitung:

1. Zutaten in einer Schüssel vermengen.
2. Luftdicht verpackt aufbewahren.

Würzmischung mit Salbei

Zutaten

- 2 Esslöffel Basilikum – getrocknet
- 2 Esslöffel Oregano
- 2 Esslöffel Thymian
- 2 Esslöffel Majoran
- 1 Esslöffel Rosmarin
- 1 Esslöffel Salbei

Zubereitung:

1. Zutaten im Mixer mixen.
2. Dauert ca. 1 Minute auf hoher Stufe.

Milde Currymischung

Zutaten

- 2 Esslöffel Kreuzkümmel
- 2 Esslöffel Koriander
- 2 Teelöffel Kurkuma
- ½ Teelöffel rote Paprikaflocken
- ½ Teelöffel Senfkörner
- ½ Teelöffel Ingwer – gemahlen

Zubereitung:

1. Zutaten in einer Schüssel vermengen.
2. Luftdicht verpackt aufbewahren.

Meeresfrüchtewürze

Zutaten

- 6 1/3 Esslöffel Salz
- 3 2/3 Esslöffel Selleriesamen
- 2 ½ Teelöffel Senfpulver (oder gemahlene Senfsamen)
- 2 ½ Teelöffel rote Paprikaflocken
- 1 ½ Teelöffel Pfeffer
- 1 ½ Teelöffel Lorbeerblätter – gemahlen
- 1 ½ Teelöffel Paprika
- 1 Teelöffel gemahlene Gewürznelken
- 1 Teelöffel Piment
- 1 Teelöffel gemahlener Ingwer
- ¾ Teelöffel Kardamom
- ½ Teelöffel Zimt

Zubereitung:

1. Zutaten in einer Schüssel vermengen.
2. Luftdicht verpackt aufbewahren.

Chiliwürzmischung

Zutaten

- 2 Esslöffel Chilipulver
- 1 Teelöffel Paprika
- 1 Teelöffel Cayennepfeffer
- ½ Teelöffel Salz
- ½ Teelöffel Pfeffergewürzmischung (handelsübliche aus dem Supermarkt verwenden)
- ½ Teelöffel Knoblauchpulver
- 1/3 Teelöffel Kreuzkümmel
- ¼ Teelöffel Muskatnuss

Zubereitung:

1. Zutaten in einer Schüssel vermengen.
2. Luftdicht verpackt aufbewahren.

Fünf-Gewürze-Pulver

Zutaten

- 30 g Echter Sternanis
- 5 Esslöffel ganze Gewürznelken
- 5 Esslöffel Szechuan-Pfefferkörner
- 5 Esslöffel Fenchelsamen
- 40 g Zimt

Zubereitung:

1. Zutaten in einer Schüssel vermengen.
2. Im Mixer zu einer einheitlichen Masse mixen.
3. Luftdicht verpackt aufbewahren.

Passende Buchempfehlungen

Fremdautoren:

Wok – Neue Vielfalt für Asien-Köche – schnell, knackig und exotisch – ISBN 978-3-8338-2998-7

➪ Glänzt durch zahlreiche Bilder und guten Umfang. Ideal, wenn man gerade Neueinsteigern den Wok nahelegen möchte.

Wok – Knackig und blitzschnell gerührt – ISBN 978-3-8338-3774-6

➪ Der „kleine Bruder" des vorher genannten Buches. Deutlich weniger umfangreich, dafür überraschend günstig.

Eigene Bücher:

98 leckere Rezepte für den Reiskocher – ISBN 978-1-54885745-5

➪ Ergänzende Gerichte für den Reiskocher. Nützlich, um den Beilagenreis deutlich „aufzupeppen".

50 Hausgemachte Gewürzzubereitungen – ISBN 978-1-98577993-8

➪ Sowohl für Wok als auch Pfanne finden Sie hier Anregungen in Sachen Gewürzmischungen.

Überarbeitete Ausgabe – April 2018 – 2. Auflage

Bildquellen/Druckinformationen

Bilder Cover: depositphotos.com;

@ sannie32; @ shalamov; @ resnick_joshua1; @ lisovskaya

Druckausgabe Schwarz-Weiß-Taschenbuch:

Amazon Media EU S.à.r.l.

5 Rue Plaetis

L-2338 Luxembourg

Sonstige Druckausgaben:

epubli, ein Service der neopubli GmbH, Berlin

Verlag:

BookRix GmbH & Co. KG

Sonnenstraße 23

80331 München

Deutschland

Druck:
Customized Business Services GmbH
im Auftrag der
KNV Zeitfracht GmbH
Ein Unternehmen der Zeitfracht - Gruppe
Ferdinand-Jühlke-Str. 7
99095 Erfurt